SPARKED

JONATHAN FIELDS

SPARKED

LA CHISPA QUE TE ACTIVA

Descubre qué es lo que te motiva
según según tu tipo de personalidad

EMPRESA ACTIVA

Argentina – Chile – Colombia – España
Estados Unidos – México – Perú – Uruguay

Título original: *Sparked*
Editor original: HarperCollins*Published*
Traductor: Daniel Rovassio

1.ª edición Mayo 2022

Copyright © 2021 *by* Jonathan Fields
Published by agreement with Folio Literary Management, LLC and International Editors' Co.
All Rights Reserved
© 2022 *by* Ediciones Urano, S.A.U.
Plaza de los Reyes Magos, 8, piso 1.º C y D – 28007 Madrid
Diseño de cubierta: HarperCollins Leadership
Foto cubierta: iStock.com / kpalimski
www.empresaactiva.com
www.edicionesurano.com

ISBN: 978-84-16997-62-6
E-ISBN: 978-84-19029-77-5
Depósito legal: B-4.918-2022

Fotocomposición: Ediciones Urano, S.A.U.
Impreso por Romanyà Valls, S.A. – Verdaguer, 1 – 08786 Capellades (Barcelona)

Impreso en España – *Printed in Spain*

A todos los que quieren encender su chispa.
Es nuestro momento.

ÍNDICE

Una nota de Jonathan 9

Agradecimientos............................. 11

¿Qué debo hacer con mi vida? 13

El experto................................. 31

El creador................................. 49

El científico................................ 67

El organizador 87

El *performer*................................ 105

El maestro 129

El líder 149

El asesor................................... 173

El defensor 199

El tutor................................... 223

Impulsa tu trabajo. Pon tu *sparketype* a trabajar 243

Enciende tu vida, enciende el mundo
no se trata solo de revivir, sino de volver a casa 265

Anexo: El espectro de la satisfacción................ 271

Sobre el autor.............................. 287

UNA NOTA DE JONATHAN

Hola:

Antes de que te sumerjas en este libro, un rápido aviso...

Estás a punto de descubrir algunas cosas sobre ti mismo, tu trabajo y tu vida, que te abrirán los ojos a un universo completamente nuevo de posibilidades.

Y puede ser también que, quizá por primera vez, te sientas percibido, comprendido y equipado para entrar en el mundo laboral de una manera profundamente diferente y gratificante.

Esto es maravilloso. Es el objetivo del trabajo que he realizado durante años y, bueno, una gran parte de la razón de ser de este libro.

Pero tengo que advertirte algo y pedirte un favor.

Cuando empiezas a ver las posibilidades que tienes en el ámbito del trabajo, cuán significativas pueden ser, cómo te llenan de energía y de emoción, cómo te invade el sentimiento de que tienes un propósito y esa sensación profundamente enriquecedora de que estás desarrollando todo tu potencial, es posible que también tengas el impulso de hacer saltar todo por los aires y empezar desde cero.

Por favor, no lo hagas.

Esa decisión puede ser apropiada para algunas personas, pero suele ser absolutamente equivocada para otras, casi para la mayoría. Y es probable que no sepas cuál de esas personas eres tú hasta que hayas leído el libro y hayas aprendido cuándo, por qué y cómo explorar los diferentes caminos que te llevarán a encender tu chispa en el trabajo y en tu vida en función de tu personalidad (lo que hemos dado en llamar tu *Sparketype*, es decir, cuál es el tipo de chispa que te activa) y de tus circunstancias. La verdad es que la mayoría de la gente descubrirá algo que no esperaba. Puedes llegar a activarte en el mismo sitio donde estás ahora, simplemente abordando tu trabajo y tu vida con una sabiduría más profunda y un nuevo conjunto de herramientas.

Así que, por favor, no hagas nada drástico y disruptivo. ¡Muchas cosas se revelarán a medida que profundices en las ideas y descubras la mejor manera de activar tu chispa en el trabajo y, a su vez, en tu vida!

Muy bien, ahora, sigue leyendo. ¡Hay tanto por descubrir! ¡Tanta vida por vivir!

Con mucho amor y gratitud,

Jonathan

AGRADECIMIENTOS

Este libro se basa en un conjunto de ideas que se han ido gestando durante décadas. Sin embargo, para pasar del concepto a la creación, se necesita una aldea formada por diferentes personas y, sí, diferentes *Sparketypes* (que indicamos entre paréntesis a continuación de cada mención). A Sara Kendrick (organizadora/experta) y al equipo de Harper Collins Leadership, gracias por creer en este trabajo, por no reírse cuando les entregué un manuscrito de 125.000 palabras y, en cambio, por ayudarme a convertirlo en algo humano, valioso y hermoso. A Scott Hoffman (científico/experto) y a Jan Baumer (tutora/asesora) de Folio Literary Management, ¡qué experiencia hemos vivido al compartir este libro con el mundo editorial en un momento en el que nadie sabía lo que podía pasar al día siguiente! Muy agradecido por su visión, esfuerzo y confianza en mí y en la idea.

A Lindsey Fox (organizadora/tutora), extraordinaria productora del pódcast y supervisora de todas las cuestiones complejas y creativas, tu capacidad para mantener todos los platillos girando a la vez y, de alguna manera, hacer que me sintiera apoyado durante el camino ha sido un verdadero regalo. A Shelley Adelle (*performer*/creadora), aprecio mucho tu devoción y tu aceptación de casi todo, para hacer que las cosas buenas sucedan. A Courtney Kenney (creadora/experta), no puedo imaginar cómo habría sido el proceso de traer este libro al mundo sin ti. A Sutton Long (científico/creador), agradecido por tu siempre atenta y generosa mirada a través de la lente del diseño, tu amabilidad y tu gran corazón. A Scott Meola (creador/experto), agradecido por tus esfuerzos para ayudar a que este libro no solo sea valioso, sino también hermoso.

A mi familia por elección, todos los textos, llamadas, mensajes privados, emojis, correos electrónicos, paseos, abrazos, ideas y el chocolate negro compartido durante uno de los momentos más extraños de la historia para escribir un libro sobre el trabajo, la vida, el significado y las posibilidades, lo ha sido todo. A las maravillosas personas que han compartido sus historias y puntos de vista que aparecen en este libro y a los que fueron igualmente generosos, pero no pudieron ser incluidos, muchas gracias. A la gigantesca comunidad de individuos y organizaciones que han apoyado este trabajo, gracias por seguir haciéndolo posible.

Para Stephanie (creadora/defensora), esta ha sido una temporada que nunca olvidaremos. No hay palabras para decir lo bendecido que me siento por poder contar esta historia juntos. Te quiero un montón. Y, para Jesse, mucho de lo que hay en estas páginas ha sido inspirado por el mundo y la sensación de tener posibilidades que, espero, heredes. Mi corazón está en tus manos, siempre lo estuvo y siempre lo estará. Esto es para ti.

¿QUÉ DEBO HACER
CON MI VIDA?

Escribe en Google «¿Qué debo hacer con?» y hay bastantes posibilidades de que el buscador termine tu frase con las palabras «mi vida».

Si te sientes un poco perdido o no tienes claro cuál es tu propósito, no estás solo. Millones de personas están a tu lado, buscando una respuesta a la misma pregunta, pero sin encontrarla.

Este descontento perpetuo se manifiesta en nuestra vida personal y profesional en forma de ansiedad, inutilidad, falta de compromiso, malestar, y se expresa de muchas otras formas físicas y emocionales. No solo nos afecta cómo nos sentimos, sino también cómo nos mostramos en nuestro trabajo, nuestras relaciones y nuestra vida. Estamos dispersos, sabemos que no estamos rindiendo ni de lejos a la altura de nuestro potencial y sentimos esta persistente falta de propósito y posibilidades como un lastre perpetuo. Tal vez hayas sentido algo de eso o todo.

Odiamos sentirnos así, porque sabemos que somos capaces de mucho más, que estamos «destinados» a mucho más, pero sin tener ni idea de cómo conseguirlo y mucho menos de cómo vivirlo. Seguimos buscando una salida, un trabajo, una industria o un estilo de vida diferentes. Pero esa no es la solución.

Aunque las circunstancias forman parte de la ecuación, el mayor interruptor que a menudo hay que accionar es el del autodescubrimiento. No podemos saber hacia dónde dirigir nuestras vidas hasta que entendamos mejor qué nos hace sentirnos vivos y plenos, y qué nos deja vacíos.

Todo comienza con una pregunta central: «¿Qué he venido a hacer?». Cuando la mayoría nos lo preguntamos, pensamos en el trabajo. ¿Cuál es mi contribución singular? Con mi vida, con la vida de los que me rodean, con la sociedad. Ya sea por lo que me pagan por hacer, o lo que, una vez descubierto, no puedo dejar de hacer, simplemente porque es el aire que respiro.

¿Cuál es la naturaleza esencial del trabajo para el que estoy destinado?

Este libro es tu primer gran paso hacia un nivel de comprensión, de validación y, para muchos, la revelación que encierra la clave para encontrar una forma diferente de enfocar y vivenciar su trabajo y su vida. Un enfoque que salva la distancia que separa el mero hecho de sobrevivir del hecho de vivir.

Durante más de dos décadas, me he sumergido en el estudio del potencial humano, he colaborado y estudiado a todo el mundo, desde investigadores académicos hasta voces destacadas en una amplia gama de campos, desde las ciencias sociales hasta la medicina funcional, el rendimiento humano, la excelencia y la experiencia, la psicología positiva y mucho más. A lo largo del camino, he fundado y construido una serie de empresas de bienestar; he desarrollado marcos y protocolos; he lanzado y hecho crecer la organización y comunidad global Good Life Project (Proyecto Buena Vida) con uno de los pódcast mejor posicionado; he enseñado a miles de estudiantes; he trabajado tanto con líderes emergentes como de alto nivel y con seres humanos increíbles de todos los ámbitos de la vida.

Durante todo este tiempo, me he centrado en la búsqueda de lo que permite a las personas encontrar o crear un trabajo que las haga revivir y maximizar su potencial.

Junto con mi equipo, durante los últimos cinco años, empezamos a centrarnos más intensamente en este estado que yo llamo «estar con la chispa encendida», es decir, activado o motivado, particularmente en el contexto del trabajo. Me he dado cuenta de que la chispa se enciende a partir de la combinación ideal entre cinco dominios:

- **Propósito.** Saber que estás avanzando hacia algo en lo que crees.
- **Compromiso.** Emoción, energía y entusiasmo por la búsqueda de ese algo.
- **Sentido.** La sensación de que lo que haces y lo que eres es importante.
- **Expresión del potencial.** La sensación de ser plenamente tú y no tener que esconderte; aportar todo tu potencial a la experiencia y no dejar nada sin explotar.
- **Fluidez.** La experiencia dichosa de entregarse a una actividad, perder la noción del tiempo y quedar absorto en la tarea.

Resulta que a una edad temprana empezamos a mostrar una cierta impronta, característica o afinidad única —un impulso intrínseco— por un trabajo que nos hace sentir vivos. Este trabajo nos da la sensación de «estar encendidos». Esta impronta, esa chispa que nos motiva y da sentido, deja huellas que no solo determinan el tipo de trabajo o esfuerzo que nos atrae (y el que nos repele), sino que también suelen ir acompañadas de una serie de comportamientos, peculiaridades y apegos comunes. Yo llamo a estas características «Sparketypes®», que es una abreviatura fácil para definir el elemento motivador subyacente que te hace sentir vivo. No solo en este momento, sino en toda tu vida.

Para la mayoría de las personas, descubrir su *Sparketype* es como conocer su verdadero yo. Hay un conocimiento inmediato e intuitivo, una verdad innegable que explica muchas elecciones y resultados del pasado. Te permite no solo entender quién eres y por qué haces lo que haces, sino también cómo contribuyes con el mundo en un nivel muy diferente, con más intención y satisfacción.

Es la chispa que enciende tu vida y a los que te rodean. Descubrir tu tipo de chispa se describe a menudo como un «regreso al hogar». Un reconocimiento de que «sí, este soy yo, y esto es digno de mi tiempo, energía y atención».

Mientras que expresiones como «propósito de vida» o «pasión singular» suelen llevar a la gente por un camino de confusión e inutilidad, en lugar de encaminarlos hacia la claridad y a la acción, encontrar tu *Sparketype* te brinda exactamente lo contrario. Te proporciona una visión que inmediatamente se siente genuina, el sentimiento de ir en una dirección y con la libertad de liderar finalmente desde un lugar auténtico tu potencial. Te permite dejar atrás toda una vida de dispersión y de perpetua insatisfacción. Te libera de todas las distracciones menos enriquecedoras y te permite dedicar tu energía a encontrar el increíble y vasto caleidoscopio de actividades, carreras, proyectos y aventuras que te permiten expresar tu potencial, en un nivel que te hace llegar a una vida más plena.

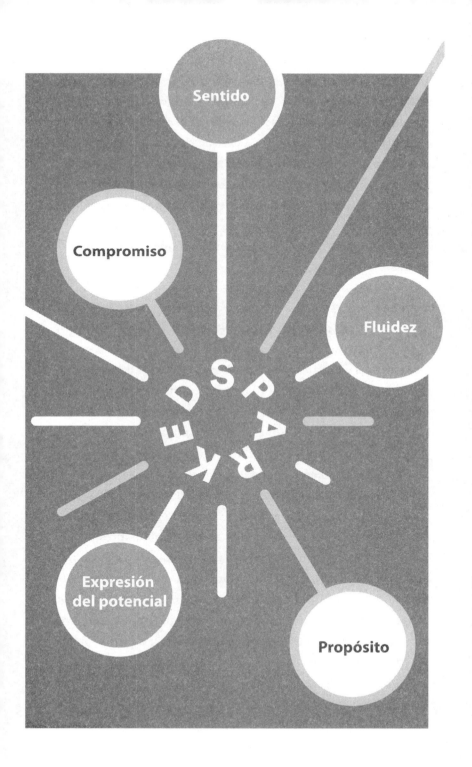

No hay que creerse ninguna historia mítica, ni ningún eslogan o conjunto de creencias, para experimentar la naturaleza autoevidente y constante, así como la influencia orientadora, de tu *Sparketype*. Solo tienes que desvelar tu chispa y luego entrelazarla en tu forma de vivir y de dar. El sentimiento que te devuelve, la forma en que los que te rodean empiezan a responder cuando vives, juegas y trabajas desde este lugar será toda la validación, toda la prueba que necesites.

Ahora, por supuesto, surgen inmediatamente algunas preguntas.

¿CUÁNTOS *SPARKETYPES* HAY?

La respuesta rápida es diez. Lo curioso es que empezamos con un número algo mayor, 7.800 millones, el número de personas que hay en el mundo. Cada uno de nosotros es único, así que también debe haber 7.800 millones de improntas únicas. No podemos ser agrupados, ¿verdad? No tan rápido.

Tu *Sparketype* es un poco como tu ADN. En la superficie, puede expresarse en miles de millones de formas únicas, gloriosamente tuyas y solo tuyas. Pero cuando empiezas a desgranar el propósito, el compromiso, el sentido, la expresión del potencial y lo que hacer fluir a cada persona, los miles de millones de expresiones válidas, superficiales, limitadas en el tiempo e impulsadas por las circunstancias, se reducen a un conjunto notablemente pequeño de componentes o huellas a nivel más profundo de tu ser. Esto nos deja con diez motivadores (o chispas) distintos, que están como impresos en nuestro ADN. Los *Sparketypes*.

Experto	Creador	Científico	Organizador	*Performer*
Maestro	Líder	Asesor	Defensor	Tutor

TU *SPARKETYPE* TIENE TRES COMPONENTES

Todos somos una mezcla de varios *Sparketypes* diferentes, pero cada persona tiene un perfil distinto, que está formado por tres componentes clave. Estos componentes representan tus impulsos más fuertes en ambos extremos del espectro, tanto en el trabajo que te hace sentir pleno como en el que te hace sentir vacío.

- **Tu chispa primaria.** Piensa en tu chispa primaria como aquello que te da el mayor impulso y te lleva a esforzarte sin otra razón que el hecho de que lo que haces te hace sentir vivo. Es el motor subyacente o la fuente del combustible que, en el trabajo, te impulsa, te da energía y te emociona; te da un sentido y un propósito; y te permite expresar tu ser y tu máximo potencial. Si tu chispa primaria se expresa de forma sana y constructiva, es una parte fundamental de diversos trabajos, experiencias, aficiones, pasiones y causas que te entusiasman y te llenan de energía, aun cuando la tarea sea dura.

- **Tu chispa colaboradora.** Este componente también es una parte importante, aunque a veces permanezca en un segundo plano respecto de tu chispa primaria. Sin embargo, no es tu impulso más fuerte. Es fácil pensar que tu chispa colaboradora ocupa un segundo puesto muy cercano. Pero, aunque esto es cierto, casi siempre existe una relación mucho más matizada e importante de entender entre tu chispa primaria y tu chispa colaboradora. A menudo, la chispa colaboradora suele desvelar el trabajo que te gusta y en el que has desarrollado un alto nivel de destreza, pero, si eres sincero, también es el trabajo que haces en gran medida para mejorar el trabajo de la chispa primaria. Piensa en la chispa colaboradora como un amplificador de tu chispa primaria.

- **Tu antichispa.** Este componente se relaciona con el tipo de trabajo que es más pesado para ti, el que más te exige y el que te requiere mayor recuperación, aunque, objetivamente, no sea tan duro. Hay algo en la antichispa que te deja vacío, en lugar de hacerte sentir pleno.

La chispa primaria y la chispa colaboradora son tus ayudantes internos

Según mi chispa primaria, soy un creador y, según mi chispa colaboradora, soy un científico. Es una combinación bastante habitual. (Mi principal impulso, lo que me hace sentir pleno, aun cuando sea realmente difícil, es hacer cosas. En un momento dado, las manifestaciones externas de esta característica me pueden llevar a construir una guitarra, escribir un libro o hasta lanzar una empresa).

En cada intento de crear, en muchos momentos del proceso, recurro a mi chispa colaboradora de científico para que me ayude a mejorar aquello en lo que estoy trabajando. Siempre hay preguntas difíciles de responder, enigmas que resolver, herramientas, sistemas y mucho más que diseñar. El acto de creación suele estar condicionado por las limitaciones de las herramientas, los procesos, la tecnología, los recursos y muchas otras cosas. Resolver estas cuestiones durante el proceso es, en gran medida, el trabajo del científico, a quien lo mueve la búsqueda de respuestas a preguntas cruciales, la solución de problemas y la resolución de enigmas.

A lo largo de los años, me he vuelto muy bueno con el trabajo de mi chispa colaboradora de científico. No es tanto que haya querido hacerlo, sino que he tenido que hacerlo para ser un mejor creador. Aprovecho mi impulso para resolver problemas en la búsqueda de mejores herramientas, procesos y experiencias que ayuden a la gente a sentirse viva. Esto es especialmente cierto en el caso de actividades individuales o en los primeros momentos de las *startups*, en las que he tenido que desempeñar todos los papeles, porque todavía no tenía dinero para conformar un equipo. A fin de cuentas, aunque es satisfactorio resolver problemas y encontrar respuestas, ese proceso no es mi razón de ser. A mí, la razón que me impulsa está en gran medida al servicio de mi feroz anhelo de crear, para hacer que las ideas se manifiesten. No se trata de la respuesta a la pregunta, sino de lo que esa respuesta me permite hacer.

¿Cómo puedo validar esto? En realidad, es bastante sencillo. En el momento en que descubro una solución satisfactoria que me permita hacer las cosas mejor, vuelvo al proceso de creación. Dejo de ser un científico y vuelvo por completo al espacio generativo de la creación.

Tu antichispa es tu «peso muerto»

Descubrir tu chispa primaria y tu chispa colaboradora y cómo funcionan juntas es clave, pero comprender tu antichispa es igualmente importante. Conocer tu perfil completo, es decir, los tres componentes, te ayuda a decidir no solo qué objetivo perseguir, sino también de cuál huir. Incluso si es una tarea que tienes que hacer en tu trabajo, al menos entenderás mejor por qué te supone tanto esfuerzo y te deja tan vacío, y podrás prepararte mejor para realizarla, destinar un tiempo para la recuperación y, siempre y cuando sea posible, encontrar formas de delegarla o minimizarla.

¿CÓMO PUEDES DESCUBRIR TU *SPARKETYPE*?

En este momento es cuando las cosas se ponen aún más interesantes. Algunas personas dan con su *Sparketype* por su cuenta. Esto suele ocurrir de dos maneras.

- Por azar, estas personas se expusieron a algo que los hace brillar desde temprana edad y, luego, han tenido la rara capacidad de profundizar de modo autoconsciente, el compromiso y la orientación hacia la autoindagación, que les ha permitido comprender lo que se les ha mostrado.

- Otras personas adoptan un proceso de experimentación deliberada, probando diferentes tipos de trabajo, tomando notas y, luego, se concentran en los tipos de cosas que les dan esa sensación de estar vivos. Este enfoque suele desarrollarse a lo largo de varias décadas.

Este tipo de personas y sus experiencias son increíblemente raras. En cambio, muchas otras personas entienden que un determinado tipo de actividad o trabajo les hace sentir de una manera determinada, pero no saben por qué y no pueden reproducir fácilmente esa sensación en actividades, trabajos, organizaciones o industrias. Este puede ser tu caso, y si lo es, estás leyendo el libro adecuado.

Muy a menudo la gente no se da cuenta del tipo de trabajo que la hace sentirse plena. No comprende claramente cuál es ese impulso profundo que le permite sentir —y saber— que está haciendo el trabajo para el que está destinada. No sabe cómo descubrir ese motor que impulsa el esfuerzo a nivel del ADN, eso que la ilumina y la mantiene encendida de por vida.

BIENVENIDOS AL CUESTIONARIO PARA DESCUBRIR TU *SPARKETYPE*

Al darnos cuenta de esta enorme laguna en el conocimiento que tienen las personas de sí mismas, nos propusimos desarrollar una herramienta, el *Sparketype Test*, un cuestionario que permitiera a cualquiera y en cualquier lugar descubrir rápidamente sus tipos de chispa. Aunque el desarrollo del test ha llevado más de un año (y ha surgido como resultado de décadas de investigación, colaboración e integración previas), esta herramienta en línea puede completarse en cuestión de minutos. En término medio, se tarda unos diez o doce minutos y revela tu perfil completo: los tres componentes de tu *Sparketype*. Si aún no lo has descubierto, puedes encontrarlo ahora en Sparketype.com.

El momento de la verdad

Desde el lanzamiento de la plataforma, más de 500.000 personas y organizaciones han realizado el test. El conocimiento acumulado y el enorme conjunto de datos (más de 25 millones de *data-points*) han revelado poderosas ideas no solo para los individuos, sino también para las organizaciones, los líderes y las personas. Más allá de los datos, la avalancha de historias, ideas y comentarios de gente de todo el mundo ha sido impresionante. He aquí algunos ejemplos:

«Llevo casi veinte años trabajando en el desarrollo de carreras y en el *coaching*. Utilizo el test con todos los que entreno y capacito, y a ellos también les encanta. Un gran, gran agradecimiento por todo tu trabajo».

«Dirijo los cursos de experiencia de primer año en una universidad y tuve a cargo dos clases en otoño. Todos mis alumnos hicieron el *Sparketype Test*. A mis alumnos les encantó e incluso inspiró a una estudiante a cambiar de carrera. Este test es poderoso. A mis alumnos les encantó tener una nueva visión de quiénes son, según sus tipos de chispa».

«Investigo mucho sobre el autodesarrollo y el crecimiento, y nada me ha tocado tanto como todo lo que ustedes están haciendo. El *Sparketype Test* y su visión han ayudado a liberar mi mente. Estoy, y siempre estaré, agradecido».

«¡Vaya! Completé el perfil y respondí a las preguntas. ¡¡¡Aluciné!!! Gracias por transmitirme palabras con las que me identifico totalmente, porque es lo que soy como SER HUMANO!!! Has dejado huellas en mi vida de una manera increíblemente intensa y profunda».

«Hice el test. Me enteré de que soy asesor. No me sorprendió este resultado, pero sí algo en lo que nunca había pensado: en que es algo en lo que podría apoyarme, haga lo que haga. A partir de este conocimiento, recientemente empecé mi propio blog (de forma paralela a mi jornada laboral completa) para compartir mi propia sabiduría e historias con los demás. Nunca me he sentido más feliz y más vivo, de verdad. Cada mañana salto de la cama temprano para trabajar en el blog antes de ir al trabajo».

«Soy ama de casa, eduqué a mis tres hijos en casa a tiempo completo hasta el año pasado. Ahora mis dos hijos mayores han pasado a una escuela a tiempo parcial y mi hijo menor (cuatro años) sigue en casa conmigo. He estado tratando de averiguar lo que quiero hacer a continuación y los resultados del *Sparketype Test* han sido un recurso maravilloso para descubrirlo».

«Aunque he hecho MUCHAS evaluaciones acerca de cuál es mi personalidad (de verdad, MUCHAS), por alguna razón tu test ha sido más esclarecedor que cualquier otro. La idea de que mi chispa colaboradora está al servicio de la chispa primaria fue una iluminación: "Sí, ¡eso es!"».

«La información del *Sparketype Test* ya ha cambiado la forma en que me siento sobre mí mismo y, lo que siempre había pensado que era un defecto (experto/creador) y que mucha gente me había dicho que lo era, básicamente la procrastinación, no lo es. Leer que mi afán por el conocimiento ES lo que soy, ¡fue totalmente redentor! Gracias».

«¡Ohhhh! No puedo esperar para saber más y poder poner en práctica todo lo que estoy aprendiendo. Los *sparketypes* han sido mucho más reveladores que cualquier otro tipo de test de "personalidad" que haya hecho, incluyendo el Myers-Briggs. Muchas gracias por todo el trabajo de Jonathan y su equipo».

La respuesta de la gente ha sido increíble, pero también lo ha sido la demanda de una gran caja de herramientas que revele muchas más capas de comprensión y te oriente más claramente hacia la acción.

ESTE LIBRO TE LLEVA A LO MÁS PROFUNDO Y TE MUESTRA CÓMO LLEGAR A LO MÁS ALTO

El *Sparketype Test* ofrece una respuesta a nivel esencial a la pregunta que decenas de millones de personas se hacen cada día: «¿Qué debo hacer con mi vida?». Este libro se basa en este ADN, te proporciona una comprensión más sólida y completa de tu característica única: cómo aprovecharla, cómo se percibe cuando se aprovecha de manera saludable, dónde es más probable que encuentres obstáculos y tropieces, y cómo te relacionas con los demás y construyes la acción en torno a ella.

¿CÓMO SE LEE Y UTILIZA ESTE LIBRO?

Para mucha gente, *SPARKED* no es un libro que vaya a leer de principio a fin. Piensa en él más bien como el manual de referencia definitivo y el plan de acción para construir el resto de tu vida.

Los siguientes diez capítulos tratan sobre ti, pero también sobre aquellos que amas, aquellos con los que juegas, creas, trabajas, aquellos a los que diriges y, prácticamente, sobre cualquier otra persona que quieras conocer mejor. Los diez capítulos presentan la misma estructura y te llevan a profundizar mucho más en cada tipo de chispa. También aprenderás cómo se alimenta y se limita cada una, qué necesitas para sentirte realizado, dónde tiendes a tropezar y por qué; qué sucede cuando te encaminas hacia un tropiezo importante y qué hacer al respecto. Aprenderás cómo funcionan ciertas combinaciones de *sparketypes*, cómo cada una encuentra un canal de expresión, y cómo ese canal puede llevar a desarrollar una carrera y generar un ingreso. Y conocerás a otras personas que comparten tu tipo de chispa y verás cómo han trabajado en la vida real y en situaciones laborales, para que puedas aprender de ellas e inspirarte.

Seguro que, dada la naturaleza humana, primero pasarás al capítulo sobre tu chispa primaria, luego, al de la chispa colaboradora y, finalmente, al de tu antichispa. Eso está muy bien. Sumérgete. Conoce los impulsos esenciales y cómo alimentan tus sentimientos y acciones (a menudo de formas que nunca habías notado o entendido). Si tienes curiosidad, asegúrate de que tu pareja, tu cónyuge, tus amigos, tu familia, tus colegas y tus colaboradores completen el test. Luego, todos podrán explorar los perfiles y compartir cómo cada uno ha visto que los diferentes componentes se manifiestan en los demás. Disfruta de esos capítulos, aprende de ellos y entabla una conversación significativa al respecto. Utilízalos como una herramienta no solo para sentirte vivo, sino para profundizar con tu conexión con los que te rodean y comprenderlos, y también con la propia comprensión que ellos tienen sobre ti.

No obstante, no te saltes el capítulo que sigue a los diez que tratan sobre cada uno de los *Sparketype*. Presenta ideas muy importantes sobre cómo usar tu *Sparketype* en el mundo, cómo no hacerlo y cómo navegar por la tensión del mundo real que, a veces, surge entre las responsabilidades de los adultos y su deseo de sentirse vivos.

Por último, te dejo una invitación. No te limites a leer este libro. Utilízalo. Deja que sea tu primer paso en un proceso de descubrimiento, despertar, liberación, conexión e impacto. Permite que alimente tu propio resurgimiento interior, tu propio despertar. Luego, compártelo todo y haz que te acompañen aquellos que te importan, con los que trabajas y con los que colaboras.

Adelante, pues, ¡vamos a echar chispas!

¡ESTÁS A PUNTO DE ENTRAR
AL REINO DE LOS
SPARKETYPES!

Antes de continuar, asegúrate de haber completado el cuestionario del *Sparketype Test* para garantizar que lo que descubras sea lo más personal y relevante posible.

Puedes encontrar el test en
SPARKETYPE.COM

También puedes acceder a la página web con la cámara de la mayoría de los dispositivos móviles y escanear el código QR que aparece a continuación.

EL
EXPERTO
Tú, en pocas palabras

ESLOGAN
Vivo para aprender.

Impulso motivador

Los expertos se dedican a aprender. A menudo a un nivel que va más allá de la curiosidad y que puede llegar a la fascinación, incluso a la obsesión. No pueden parar de aprender.

Si eres experto, te alimenta un impulso casi primario de saber más, aunque no persigas un fin más allá de simplemente saciar tus, a menudo incomprendidas y a veces difamadas, ansias que te llevan a afirmar: «Esto es increíblemente genial, debo saber más». Lo que te hace salir de la cama por la mañana es la oportunidad de irte a dormir sabiendo más cosas que el día anterior. Consideras el aprendizaje como una búsqueda casi sagrada, en la que te pierdes fácilmente.

De hecho, debido a que las oportunidades de aprender son a menudo tan abundantes, internas y sin obstáculos, los expertos caen más fácilmente que otros *Sparketypes* en ese estado de felicidad continua, al que llaman fluir, en el que se pierde la noción del tiempo. Son capaces de sumergirse en una biografía de ochocientas páginas, investigar en Google sobre los patrones de apareamiento de los dinosaurios, o mirar un domingo por la mañana una serie de documentales interesantes, solo para levantar la vista y preguntarse si es hora de desayunar... a las 23:00.

Los expertos tienden a estar muy orientados al proceso. Para ellos, no se trata de llegar a un punto en el que sepan todo lo que hay que saber sobre un tema. De hecho, el final del camino del aprendizaje es a menudo una experiencia melancólica, por lo que, con frecuencia, los expertos más satisfechos se suelen nutrir de una amplia fascinación por todos y todo o de un impulso centrado en aprender sobre un campo tan profundo o complejo, de modo que la fuente de aprendizaje se presenta como inagotable. En cualquier caso, la oportunidad de hacer lo que están destinados a hacer nunca se acaba. Cuando trabajan de una manera en la que disponen de los recursos y el control para pasar la mayor cantidad de tiempo inmersos en el proceso de aprendizaje, profundizando en un aspecto amplio o específico de un tema por el que se sienten innatamente atraídos, los expertos se sienten más vivos. Se expresan plenamente. Están motivados.

Fascinación amplia

El impulso del experto se manifiesta a veces como una curiosidad generalizada y persistente por todo y por todos, como si viviera en un estado de asombro infantil por el mundo que lo rodea. Mi amigo Neil Pasricha (experto/creador) es la personificación de este impulso. Su chispa primaria es la de experto y es una de las personas más genuinas y ampliamente curiosas que conozco. Si te pregunta cómo te va, espera una respuesta.

Luego, pregunta por qué y qué ha contribuido para que te sientas de ese modo. Luego, preguntará cómo te sientes con tu respuesta y si ayer hubiera sido diferente. ¿Quiere saberlo todo porque se preocupa por mí? Claro. Es decir, somos amigos. Pero hay algo más. Él está profundamente fascinado con las personas, a menudo totales desconocidos, y lo que las hace funcionar en todos los niveles, es decir, por qué hacemos las cosas que hacemos. Anhela conocer la totalidad de la experiencia humana. Y está dispuesto a hablar de ello con todo el mundo. Para Neil, cada interacción es un momento de microdescubrimiento. Una gota de combustible más para su tanque sin fondo.

Específico y profundo

A veces, el impulso de aprender del experto se manifiesta a menudo en la fascinación por un dominio amplio, pero otras veces esta búsqueda de conocimiento se expresa en la búsqueda de temas o campos de interés específicos. Se trata de la capacidad de ir a lo particular y a lo profundo, de beber de un pozo, y los mejores pozos son los que nunca se agotan.

Otra amiga, Dimple Mukherjee (experta/tutora), se ha ganado la vida como terapeuta ocupacional durante toda su vida adulta. En los últimos años, ha ampliado su práctica de *coaching* y se ha centrado principalmente en las mujeres de mediana edad, ha creado así una trayectoria profesional mixta. Su devoción por el servicio, que es la forma en la que se gana la vida (una manifestación de su chispa colaboradora), se ve alimentada por un gran deseo de aprender. Devora todo lo que puede leer que, de alguna manera, pueda ayudar a las personas a que dejen atrás el sufrimiento, ya sea relacionado con el dolor físico o psicológico, y lleguen a un lugar de plenitud y tranquilidad. Títulos, licencias, formaciones, certificaciones, inmersiones, lo ha hecho todo y seguirá buscando conocimientos, en este ámbito específico, probablemente durante toda su vida.

¿Este reservorio de sabiduría cada vez más profundo la hace mejor en la carrera elegida? Sin lugar a dudas. Pero también sirve para otro propósito menos aparente. Canaliza el deseo permanente de su chispa primaria (experta) de aprender. De saber. De seguir profundizando y haciéndose más sabia. Para Dimple, como ha encontrado su camino en un complejo, siempre ramificado y vasto cuerpo de conocimiento —entender y ayudar a la gente a pasar del sufrimiento al florecimiento—, la oportunidad de existir en un estado de descubrimiento perpetuo nunca se agota. Ella nunca llegará al final de su curiosidad.

La combinación

Además, por supuesto, existe la trayectoria mixta del experto. Este tipo de trayectoria puede aparecer como una combinación de inmersiones en aspectos específicos y profundos, generalizados y amplios, o incluso en una serie de inmersiones semiprofundas. Esta última manifestación, en la que pareces «flotar» de fascinación en fascinación, aprender lo que necesitas y, luego, avanzar, a veces puede ser complicada. Lo que sucede en gran parte debido a la forma en que los demás pueden percibirte (y juzgarte). Internamente, tienes todo lo que necesitas. Encuentras algo fascinante, te sumerges en ello, te sumerges en el aprendizaje de todo lo que hay que saber y, luego, sigues adelante. En tu mente, has hecho lo que has venido a hacer. En la mente de aquellos que te ven, pero no te entienden, es otra historia.

Techla Wood (experta/creadora) es un ejemplo divertido. Ella era un ama de casa que llevaba más de dos décadas educando a sus hijos en su hogar. Encontró su camino a partir de una serie de miniinvestigaciones realizadas a lo largo de los años. Un día descubrió el chocolate. Vale, puede que ya conociera el chocolate. Estoy 100% convencido de que todos nacemos con un conocimiento previo del chocolate y nos pasamos toda la vida buscando la tableta perfecta. En el caso de Techla, se tropezó con el mundo de la elaboración del chocolate. Quedó enganchada, devoró todo el material que pudo encontrar y se lanzó a trabajar como chocolatera. «Era buena en lo que hacía —me dijo—. Pero me aburrí, aprendí todo lo que pude, sin embargo, la repetición, que me adormece la mente, me volvió loca. Así que cerré el negocio».

Esto tiene sentido para Techla. Para los expertos, una vez que han aprendido lo que han venido a aprender, es hora de seguir adelante. Para los que no son expertos, esta característica a menudo se traduce en ser inestable e inconstante. Siempre el que empieza, nunca el que termina. ¿Cómo puedes seguir empezando cosas y luego dejarlas? Lo que no ven los que juzgan es que, para los expertos, nunca se trata de la cosa a la que condujo el aprendizaje; se trata simplemente de la oportunidad de aprender.

Dominar la vergüenza

Además de la posibilidad de que te tachen de diletante cuando pasas de una fuente de conocimiento a otra, los expertos también pueden sentir una creciente sensación de vergüenza por la falta de interés en «hacer algo productivo» con lo que están aprendiendo más allá de, bueno, aprenderlo. Los que no son expertos no entienden por qué se invierte tanto tiempo y tantos recursos en algo, a menos que se «ponga a producir». Para aquellos que no son expertos, el aprendizaje tiene poco valor más allá de para qué te sirve lo que has descubierto; para los expertos, el hecho de que el conocimiento que has adquirido tenga valor para otros es más un feliz accidente que un impulso motivador. Para ti, experto, se trata más del proceso que de la aplicación del descubrimiento. Eso está bien. No hay nada malo en ti y no hay nada malo en tener el impulso de aprender por aprender. Es tu forma de ser. Una vez que entiendes esto, la vergüenza comienza a desaparecer. Tienes un lenguaje que te permite no solo entender por qué haces lo que haces, sino también explicar a los demás lo que realmente ocurre. Lo que nos lleva a una conclusión importante.

Aprovechar tu chispa colaboradora como herramienta de aprendizaje

Los expertos suelen aprovechar el trabajo de su chispa colaboradora como modalidad de aprendizaje, aunque no se den cuenta de ello. Michael Karsouny (experto/creador) es un pintor libanés que vive en Nueva York y que crea enormes cuadros abstractos, que irradian energía y color. Al percibir su obra, el estremecimiento se siente en la columna vertebral. Pero, durante años, el artista sintió una sensación de malestar, rayana en la vergüenza, por la forma de ejercer su oficio. Es un pintor que rara vez pinta. Michael solo dedica entre el 5 y el 10% de sus horas de trabajo a aplicar la pintura al lienzo, a la madera o a cualquier otro soporte. ¿Por qué?

Cuando oyes que alguien es pintor, supones que su tipo de chispa es la del creador, que lo impulsa a hacer. A menudo, tienes razón. Pero no siempre. Recuerda que a muchos expertos se los concibe (y así llegan a verse a sí mismos) no a partir de su amor al aprendizaje, sino por el acto de creación o servicio al que a veces conduce el conocimiento. Resulta que Michael es, en primer lugar, un experto y, en segundo lugar, un creador. El 90 o 95% de su tiempo productivo lejos del lienzo lo pasa investigando y en la contemplación. Y, bueno, viviendo. Es un gran estudioso del arte, que investiga a los maestros de casi todas las épocas, escuelas y estilos, deconstruye sus enfoques, trazos, pinceladas, medios, mezclas de colores, pinturas, ingredientes y filosofías. Se toma su tiempo, oscila entre la concentración agresiva, la observación y la reflexión e integración tranquilas y prolongadas. Todo es aprendizaje para él. Cuando entra en su estudio para pintar, se mueve con una velocidad asombrosa, porque recurre al vasto manantial de sabiduría que ha acumulado y que estalla en una explosión de expresión.

Aun así, me contó que, incluso al despertarse, sentía un persistente sentimiento de culpa o vergüenza. Es un pintor; debería estar pintando. Eso es lo que hacen los pintores. Le propuse un reencuadre. ¿Y si para ti pintar no fuera solo un acto expresivo? ¿Y si no fuera únicamente la manifestación del impulso de la chispa del creador? ¿Y si el acto de pintar fuera tu versión de un laboratorio viviente, en el que puedes recoger todo lo que has estudiado y aprendido, y utilizar la pintura para seguir probando tus ideas, teorías y percepciones, pero de una manera física más que intelectual? La idea se plasmó en su cerebro. «Sí —respondió—. Así de sencillo. Es un cambio de paradigma».

Descubrir que era un experto/creador con un predominio de su chispa de experto fue un poderoso despertar para Michael. Le permitió no culparse a sí mismo. Le habían enseñado que los pintores pintan, pero la verdad está algo más matizada. Los creadores que pintan, pintan para pintar. Los expertos que pintan, pintan para aprender. Los expertos/creadores hacen ambas cosas, pero entender cuál de ellas está al servicio de la otra es la diferencia entre la vergüenza y la plenitud.

¿Cómo afectan la introversión y la extroversión a los expertos?

La forma de aprender de los expertos suele estar ligada a su orientación social. Los expertos extrovertidos suelen recurrir a las personas, las clases y las experiencias para aprender, aunque recurrirán a formas de aprendizaje menos interactivas si no encuentran un acceso fácil a las fuentes vivas, que consideran más valiosas. Por otro lado, los expertos introvertidos suelen recurrir a la información, la autoexperimentación, la investigación, las experiencias de aprendizaje más internas y las formas de «aprendizaje interior», como la contemplación, la meditación y el diario íntimo, así como a los medios de comunicación. Si se los obliga, tomarán una clase con muchos humanos, a regañadientes.

Existe una dificultad. Como los expertos ya están tan satisfechos con el proceso, sus búsquedas de aprendizaje pueden llevarlos al aislamiento. Si a esto le añadimos una tendencia social que se inclina hacia la introversión, este tipo de experto puede acabar siendo un ermitaño extremadamente bien informado, socialmente aislado y profundamente solitario. En estos casos, puede ser importante crear estructuras que sirvan de disyuntor y te saquen de esta espiral de soledad y sabiduría.

¿CON QUÉ OBSTÁCULOS TE ENFRENTAS?

Como todos los *Sparketypes*, los expertos tienden a enfrentarse a un conjunto bastante universal de experiencias que pueden llevarlos a un lugar oscuro. Ciertas cosas les hacen tropezar más a menudo y más fácilmente que a otros tipos de chispa. Como experto, si no estás aprendiendo, sientes que te estás muriendo. Cualquier cosa que se interponga en el camino del aprendizaje, o que detenga el proceso, impide que expreses quién eres y que hagas lo que te hace vibrar. Al mismo tiempo, debido a que el impulso que mueve a los expertos está tan centrado en el proceso y, a menudo, ese proceso puede desarrollarse de una manera solitaria que absorbe toda su atención, los expertos también se enfrentan a dificultades que crean tensión en la forma en que viven sus vidas, con las personas con las que se relacionan y con la forma en que interactúan con el mundo. Empecemos por uno de los desencadenantes más frecuentes.

Atrapados en un vacío de aprendizaje

En los primeros días de cualquier actividad, para los expertos, suele haber mucho que aprender, desde conocimientos discretos sobre un tema, campo o área de especialización hasta la cultura, la misión y la dinámica social de una organización. Pero esto es lo extraño: mientras que los que se activan a partir de otros *Sparketypes* pueden ser más felices una vez que se asienta el «polvo de la nueva sobrecarga de información», a los expertos, suele ocurrirles lo contrario. ¿Por qué? Porque ellos tienen que aprender.

Estas experiencias suelen llegar a un punto de crisis cuando, meses o años después, los expertos se encuentran en una posición en la que hay poco que aprender. O eso es lo que piensan (encontrarás más información sobre este tema en el capítulo «Impulsa tu trabajo»). Para ellos, esto es la muerte, se sienten atrapados. Esta situación se presenta particularmente cuando están un poco más avanzados en la vida, han construido un cierto estilo de vida, han asumido ciertas responsabilidades y la única manera obvia de poner en marcha el proceso de aprendizaje es interrumpir todo y arriesgarse en un nuevo puesto, organización o industria. ¿Qué hacer a partir de ese momento? ¿Cómo se puede recuperar la chispa? Hay dos maneras de averiguarlo.

• Primero: comprende que eres un experto. Debes estar aprendiendo continuamente o sentirás que te estás muriendo. Asume el hecho de que el aprendizaje es tu oxígeno laboral. A menudo, este simple reconocimiento crea un cambio que te lleva a empezar a ver y crear oportunidades. Reimagina tu trabajo actual. ¿Qué podrías hacer, aunque esté fuera del ámbito laboral, para abrir las puertas del aprendizaje para ti?

• Segundo: replantea tu situación laboral. Si tu trabajo está «bien», es decir, te proporciona cierta flexibilidad, seguridad financiera, libertad y oportunidades, pero, por mucho que lo intentes, no te da lo que necesitas a nivel de aprendizaje, ¿qué pasaría si lo vieras de forma un poco diferente? ¿Y si lo vieras más bien como un motor de financiación para tu capacidad de abrazar nuevas y fascinantes oportunidades de aprendizaje paralelas, no para ganar dinero, sino simplemente para pasar más tiempo cultivándote?

Cualquiera de estos enfoques puede volver a encender el interruptor del aprendizaje y despertar tu impulso de experto a un nivel que te haga volver a sentir vivo.

El agujero negro de la obsesión

Dado que los expertos tienden a centrarse más en su interior, pueden caer en un agujero negro de aprendizaje. Están tan absortos en la búsqueda del conocimiento que ignoran a todos y todo lo que hay en su vida fuera de ese proceso. Si la fuente de sabiduría o el área temática que dispara su deseo de aprendizaje es ilimitada, eso puede conducir a una vida laboral que se siente infinitamente gratificante, pero una vida fuera del trabajo que prácticamente deja de existir.

El riesgo aumenta cuando el conjunto de conocimientos en el que se centra la fascinación de un experto es tan vasto, complejo y en constante cambio o crecimiento, de modo que podría llevarle muchas vidas dominarlo, si es que llega a hacerlo. Cuanto más conscientes son los expertos de la inmensidad de lo que se puede conocer, en comparación con lo que saben, más irresistible es la compulsión. Ignoran su propio cuidado, las relaciones y otras experiencias enriquecedoras, fundamentales para el bienestar físico y mental. Tal vez sean capaces de sostener este patrón durante un tiempo, pero siempre vuelve a causarles dificultades. Cuando las reservas de vitalidad y de conexión de los expertos se agotan, no solo se paralizan su felicidad y su bienestar, sino que también manifiestan dificultades para trabajar a un nivel que les permita expresar plenamente su *Sparketype* y su potencial.

Debido a este riesgo, es importante que los expertos establezcan estrategias que los ayuden a saber cuándo es el momento de salir del abismo de la fascinación-obsesión. Presentamos a continuación algunos ejemplos:

- Organiza reuniones diarias, semanales o mensuales con amigos, familiares o colegas que conozcan tus impulsos y comprendan su valor, pero que también estén facultados por ti para indicar un tiempo de descanso.

- Asume el compromiso de participar en determinadas actividades, clubes, ligas, sociedades, asociaciones, encuentros u otras experiencias que se realicen de forma regular y programada.

Recuerda que una vida mental es una rama vasta y hermosa en el árbol de una vida bien vivida, pero no es el árbol.

Falta de control

Una vez que los expertos se enganchan con un tema, empieza el juego. Suelen querer devorar todo el conocimiento disponible. Cualquier cosa que les obstaculice esta búsqueda no solo les impide aprender, sino que les impide vivir. Cuando se persiguen intereses personales, esta tendencia tiende a ser un problema menor, pero, en el ámbito de una carrera, puede convertirse en un verdadero problema. Por lo general, el momento más difícil ocurre cuando uno está al principio de la vida profesional. Se tiene cierto control sobre el tiempo y los recursos, pero casi siempre se trabaja dentro de unas limitaciones y una cultura más amplias que restringen la libertad de ir en múltiples direcciones. Esto puede ser increíblemente frustrante, sobre todo cuando crees que lo que quieres aprender será inmensamente útil para el objetivo, la visión o el resultado general del equipo o la organización.

En estas situaciones, algunos expertos asumirán la búsqueda del conocimiento por su cuenta, no porque estén obligados o porque les paguen por hacerlo, sino porque no quieren que la búsqueda que llevará al descubrimiento se vea restringida por las limitaciones de otra persona, equipo u organización. Si no se les da el control para que expresen plenamente su impulso «a tiempo», crearán su propio espacio para hacerlo, independientemente de los límites y de las reglas de los demás. Si bien, en ciertos contextos, esta actitud se ve como la de alguien que toma la iniciativa y puede incluso ayudar a algunos expertos a «salir adelante»; no obstante, también puede parecer que al experto en cuestión lo mueven intereses mezquinos o que es complaciente, lo que lo aísla de sus colegas, roba tiempo a sus relaciones y actividades personales, y puede acabar provocando desavenencias.

Otros expertos, que respetan más las reglas, pueden conformarse con hacer lo que pueden con el tiempo y los recursos que se les han asignado, lo que puede ayudar desde el punto de vista de la cultura y con los integrantes del equipo, pero, con el tiempo, esto puede causar que estos expertos se sientan increíblemente ahogados, frustrados e insatisfechos. Independientemente de tu tendencia, debes saber que esta dinámica existe y estar alerta. Comprender que se experimenta con mayor frecuencia en los primeros días de trabajo y que, con el tiempo, es probable que acumules suficiente credibilidad, capital social y control para poder no solo elegir las áreas en las que dar rienda suelta a tu impulso de aprendizaje, sino también hacerlo de una manera que te permita tener más control sobre el proceso.

MUÉSTRAME EL DINERO

Aprovecha tu chispa colaboradora para financiar el impulso de aprendizaje del experto

Una de las bendiciones de la chispa del experto es que es el *Sparketype* más gratificante internamente. Puedes desaparecer en tu cueva de aprendizaje y sentirte totalmente satisfecho, incluso si no se produce nada de valor para los demás. Pero puede ser un poco difícil si también quieres convertir tu condición de experto en tu medio de vida. Me encanta la forma en que Wayne Nelson (experto/científico), integrante de nuestra comunidad *Sparketype*, lo expresó:

«Mi vida en general como experto desenfocado es bastante unilateral. Todo entra. Nada sale. Soy como un agujero negro del intelecto. Rara vez la arquitectura feudal japonesa, la historia del dinero, la geografía de Cuba o cualquier dato que me resulte interesante en ese momento me ayude a resolver un problema o a producir algo. Me va bastante bien cuando veo *Jeopardy* [concurso televisivo de conocimientos estadounidense], pero eso no paga las facturas».

Por eso, los expertos suelen recurrir a sus *Sparketypes* colaboradores como medio para obtener dinero, o como «mecanismo de financiación» para su impulso de conocer. Neil Pasricha, el manojo de curiosidad errante que conociste antes, es también un autor de *best-sellers* internacionales, como *The Book of Awesome*, *The Happiness Equation*, *You Are Awesome* y muchos otros. Sus libros y charlas son expresiones meticulosamente elaboradas, profundamente vulnerables y generosas de su chispa colaboradora, y también mecanismos muy eficaces para financiar su vida y su capacidad de seguir dedicando cantidades desmesuradas de tiempo a aprender.

Trabajar en equipo con otros para transformar los conocimientos en ingresos

Otro patrón que se observa a menudo en los expertos que buscan ganarse la vida con su impulso es la dependencia de otros para desbloquear el valor económico de los conocimientos que acumulan. Por esta razón, los expertos suelen funcionar bien en equipo, en el que desempeñan el papel de especialistas en un campo y contribuyen con los esfuerzos colectivos de otros, que luego aplican esa experiencia a la creación de un producto, servicio, idea o resultado, que se convierte en la fuente de compensación.

La tensión entre el dinero y los expertos

Si bien aprovechar el trabajo de tu *Sparketype* como laboratorio vivo y fuente de ingresos puede ser una forma poderosa de sentirte vivo (y vivir bien), también hay un riesgo potencial oculto. La búsqueda de la «creación de valor para otros» puede ser tan absorbente que te aleja de la búsqueda pura del conocimiento que, para el experto, es lo que hace que valga la pena hacer todo lo que hace.

A menudo, la energía se desplaza de la búsqueda del aprendizaje a la creación de lo que el aprendizaje permite crear, de modo que los demás empiezan a verte e identificarte, ante todo, como el artista, el empresario, el profesor, el entrenador, en lugar de como el experto. Todo el mundo empieza a decirte quién eres según cómo te percibe y tú empiezas a aceptar erróneamente esa identidad impuesta como propia. Pasas todo tu tiempo haciendo el trabajo de tu chispa colaboradora porque es la identidad que has asumido, más por conveniencia y pertenencia que por otra cosa. Esto te deja menos tiempo para el aprendizaje puro y empiezas a preguntarte por qué, en lugar de sentirte vivo, te estás muriendo por dentro. Es porque estás suprimiendo tu *Sparketype* primario.

William Brown (experto/maestro) podría perder felizmente horas, días, meses, incluso años, aprendiendo. Durante años fue consultor de tecnología, especializado en tecnología audiovisual e instalaciones. Al principio, la consultoría colmaba tanto su afán de aprender sobre este campo y sus aplicaciones como su vida, por lo que siguió ampliándola. Construyó un centro tecnológico de 1.200 metros cuadrados y pronto se vio inmerso en el agobio y la ansiedad de ser propietario de una pequeña empresa. La empresa de William no solo dejó de apoyar su profundo amor por el aprendizaje, sino que prácticamente aniquiló el tiempo y el ancho de banda emocional necesarios para investigar y aprender sobre los temas tecnológicos que lo atraían.

Finalmente, decidió cerrar el negocio. Cuando se sentó en soledad y empezó a reconstruir el espacio que había eliminado de su vida, empezó a revivir.

El impulso de William como experto regresó, esta vez centrado en lo que tanto le había costado durante los años anteriores y, en muchos sentidos, durante toda su vida: ser fiel a sí mismo. Esto se convirtió rápidamente en una fascinación por entender cómo se identifican las personas y cómo construyen sus vidas en torno a esas identidades. Se puso en marcha una nueva búsqueda de aprendizaje. Y, para apoyarla, decidió construir un laboratorio vivo, pero esta vez de una forma muy diferente, más lenta y sostenible, centrada en el aprendizaje, no en el negocio.

Empezó a hacer *coaching* y, luego, lanzó en Facebook el programa web diario «*Disconnect to Connect*». En él, pasa casi una hora con un solo invitado, explorando su punto de vista sobre la identidad, a través de una sola palabra con la que el invitado se identifica. Este formato le permite a William aprovechar su tipo de chispa colaboradora (maestro) y construir una audiencia y una plataforma para enseñar a otros, capaz de generar eventualmente ingresos y también servir como el laboratorio vivo que alimenta su impulso de conocer. Y, lo que es mejor, lo hace de forma que su *Sparketype* primario de experto siga siendo central, y permite que el resto esté a su servicio, en lugar de perderse en medio de las actividades.

EL
CREADOR
Tú, en pocas palabras

ESLOGAN
Hago que las ideas se manifiesten.

Impulso motivador

Los creadores tienen que hacer cosas. La creación es tu vocación; es lo que te hace salir de la cama por la mañana. Estás más vivo y comprometido cuando empiezas con una idea y la conviertes en algo que existe en el mundo. Algo que refleja el gusto, la sensibilidad y la noción de posibilidad que tienes en la cabeza, la visión de lo que podría llegar a ser. Y ahora, gracia a ti... es. Físico, digital, experiencial, etéreo o permanente, no importa (aunque algunos creadores se sienten atraídos por canales de expresión específicos, como veremos), siempre que estés creando. Aun si es sumamente duro, sabes que estás haciendo lo que estás destinado a hacer. Los creadores se sienten muy impulsados y también satisfechos por el proceso. Cuando trabajas de una manera que te permite pasar la mayor cantidad de tiempo inmerso en el proceso de creación, te sientes más vivo. Cuando lo que estás haciendo es un verdadero reflejo de tu visión, de tus ideas únicas, de tu lente, de tus valores y de tu sentido del gusto, se enciende tu chispa. Cuando tienes el control sobre los recursos, los pasos, las decisiones y la visión final, y estás a cargo de todos los recursos que te permiten trabajar hacia esa idea que imaginas y sabes que es posible, te sientes vivo.

Max

Max Levi Frieder (creador/tutor) creció en Colorado y, desde muy temprano, encontró una pasión en casi cualquier forma de expresión creativa. Profundamente apasionado por la familia, los amigos y la naturaleza, no le faltaba amor por la gente y la vida. Pero, cuando dibujaba o pintaba, perdía la noción del tiempo. Esta actividad lo llamaba y Max supo desde muy joven que era un creador, aunque quizás se asociara más con el medio que con el impulso. Pero todo cambiaría al entrar en la edad adulta.

Max consiguió una plaza en la legendaria Rhode Island School of Design, donde estudió pintura y asumió en gran medida que se convertiría en un artista. Cuando se graduó, empezó a seguir ese camino, pero un giro a la izquierda le *llevó* a un trabajo de verano en el que realizó proyectos de pintura colaborativa con adolescentes y Max se sintió vivo a un nivel totalmente diferente. Su chispa colaboradora de tutor funcionaba de una manera bidireccional fascinante. Le permitió coordinar experiencias creativas que hicieron posible que los niños se sintieran incluidos, valorados, seguros y representados, al mismo tiempo. Se generaba una fuente de aportaciones a su proceso creativo y a su visión.

A Max se le encendió la chispa y dirigió su contagiosa energía hacia una visión artística mucho más amplia y colaborativa. Comenzó a organizar y facilitar proyectos artísticos colaborativos a gran escala en el exterior, en los que invitaba a los niños de la comunidad local a venir y a crear con él. La sensación de crear fue siempre su lugar más alegre. Sin embargo, esta nueva experiencia de creación colectiva y saber que, con su trabajo, estaba ayudando a otros a expresar sus propios impulsos creativos y que, al mismo tiempo, servía para canalizar el trauma y como medio para contar historias, llevó la experiencia a un nivel totalmente diferente. Sus cocreadores, allí donde va, no son solo artistas y facilitadores locales, sino comunidades de niños que viven circunstancias difíciles, originarios tanto de barrios con pocos recursos de Estados Unidos como de campos de refugiados en países devastados por la guerra.

Con el tiempo, Max se unió a un socio, Joel Bergner, con el que cofundó Artolution, una fundación con la misión de sembrar y facilitar proyectos artísticos colaborativos a gran escala y al aire libre, ayudar a los niños a compartir sus historias y servir de vehículo para que otros artistas y profesores, a menudo con escasos recursos, puedan acceder a su propio lugar de expresión. Artolution se ha convertido en una nueva forma de que Max exprese su impulso de creador, mientras trabaja con un equipo para construir una organización, una comunidad y un conjunto de protocolos que permitan que esta visión cree una onda que se expanda a perpetuidad en las vidas de niños y familias desplazadas de todo el mundo.

Dominios diversos

Curiosamente, cuando la mayoría de la gente piensa en el proceso de creación, de construir algo, piensa en tres dimensiones y en materiales físicos. Casas, lienzos pintados, muebles, arte, libros, etc. Pero no tiene por qué ser así. Especialmente en el mundo cada vez más experiencial y digital en el que vivimos. Lo que haces puede ser algo físico, pero también puede ser una experiencia o una interacción. Puede ser un producto digital, palabras, números, código, aplicaciones o programas. Puede ser un momento, una obra musical, un evento, una empresa, un negocio o cualquier otra cosa. Puede que te sientas atraído por tareas, herramientas, temas o medios de comunicación específicos, pero el impulso más profundo e innato de hacer sigue siendo el motor esencial de tu esfuerzo.

Mi chispa primaria también es la de creador; mi chispa colaboradora es la de científico. Cuando era niño, les rogaba a mis padres que me llevaran al vertedero del pueblo los domingos por la mañana, y una vez allí buscaba piezas de bicicleta, las traía a casa, desaparecía en el garaje y las pegaba con cinta adhesiva para convertirlas en *Franken-bikes*. Con los años, las *Franken-bikes* se convirtieron en pintura cuando descubrí el viejo juego de pinturas de mi abuelo. Los experimentos sobre lienzo se convirtieron en portadas de discos impresas en chaquetas, en pintar y, luego, en renovar casas, ensayos y libros, impresión tipográfica, creación de empresas, marcas, diseño de sitios web y cientos de otras actividades. El hilo conductor para mí siempre ha sido el proceso de creación, tomar una idea, descifrarla y hacerla realidad. Pocas cosas me hacen más feliz que estar en mi mundo de creación, ya sea un estudio de arte, un ordenador portátil, un campamento de verano para adultos o una imprenta.

Temprano y a menudo

Más que muchos de los otros *Sparketypes*, el impulso creador tiende a revelarse en una etapa temprana de la vida y sin mucho esfuerzo. Como consecuencia, no solo es socialmente aceptable dedicar tiempo al proceso de creación, sino que, a menudo, se fomenta y se premia. Las actividades familiares, las aulas y los talleres se dedican a este proceso. Los profesores lo suelen integrar de alguna manera en casi todos los temas. ¿Estudias historia? Haz un diorama. ¿Aprendiendo sobre las células? Construyamos juntos una célula en 3D. No hace falta que nos desviemos del camino para encontrar oportunidades para hacer cosas. Están a nuestro alrededor todo el tiempo, desde nuestros primeros días.

Laura

Laura Peña (creadora/defensora) es animadora, diseñadora y realizadora. En su infancia en República Dominicana, siempre estaba dibujando. Todos a su alrededor pensaban que se convertiría en una artista. Pero su mente se inclinaba más por la creación de espacios físicos. Se metía en una habitación durante horas, movía cajas y cualquier otra cosa que pudiera encontrar para crear representaciones físicas de entornos imaginados. En su mente, la caja de la esquina era un oasis en un desierto. Movía a la gente, creaba escenas y contaba sus historias en el espacio virtual. Laura acabó trasladándose a Nueva York para estudiar diseño en la Parsons School of Design. Después de graduarse, empezó a desarrollar su carrera en una agencia de diseño de videojuegos para niños, antes de centrarse en el diseño del movimiento digital para todos los ámbitos, desde la televisión hasta el cine y también *online*. Lo que empezó con el diseño y la creación de espacios físicos en su casa de la infancia, para que los personajes imaginarios se movieran por ellos, se convirtió en una carrera de construcción de dominios, seres e historias virtuales completas para que las disfrutaran millones de personas. Pero el mundo virtual no le bastaba.

Con el tiempo, su chispa colaboradora de defensora comenzó a llamarla para que aplicara sus habilidades de creadora en algo que tuviera más sentido para ella. Para crear de una manera más decidida y centrada en el corazón, reorientó su impulso de creadora.

Cuando era niña, en República Dominicana, se benefició enormemente gracias a los que la reconocieron y la animaron a buscar lo que la hacía sentirse viva. A Laura, le apasionaba ayudar a las niñas a descubrir y cultivar su propia singularidad, así que decidió aprovechar sus habilidades como creadora para desarrollar una experiencia visual que amplificara las voces de las niñas de todo el mundo y las ayudara a reivindicar su propio poder y sus historias. Lanzó el movimiento *She Is the Universe* (sheistheuniverse.org), ella sola se convirtió en un equipo técnico de filmación y empezó a viajar por el mundo entrevistando a chicas adolescentes y presentándolas en minidocumentales de tres a cinco minutos. Y, por supuesto, diseñó y construyó el sitio web *She Is the Universe*, y no solo filma, sino que también produce, edita y crea los gráficos en movimiento y los efectos especiales. Es asombroso ver cómo ese temprano impulso de crear espacios y contar historias ha evolucionado y se combina con su chispa colaboradora de defensora, para crear nuevas formas de expresarse a lo largo de décadas.

La brecha entre visión y habilidad

Hay un fenómeno que aparece a menudo en los primeros recorridos de los creadores y que el legendario productor de la radio pública y fundador de *This American Life*, Ira Glass, describe como la brecha entre el gusto y la capacidad. Puedes visualizar con la imaginación lo que quieres crear. Desarrollas un sentido del estilo, una voz, un conjunto de preferencias e ideas. Una cierta sensibilidad creativa. Sabes a qué quieres que se parezca lo que creas, cómo se siente, cómo suena. Sabes la historia que quieres que cuente, pero aún no has adquirido la habilidad técnica o el dominio para poder expresarla. Y sabes, en el fondo, que te puede llevar años o décadas. Tal vez, empiezas a preguntarte si alguna vez vas a lograrlo. Esta experiencia puede ser muy frustrante. Deja a muchas personas fuera del camino de la creación, no porque no tengan la capacidad de hacer un gran trabajo, sino porque no tienen la paciencia y la persistencia suficientes para cerrar la brecha entre lo que imaginan y lo que hacen en realidad.

Cuando era un joven pintor, luché mucho contra esto. Sabía lo que quería pintar, pero no podía hacerlo realidad. Como joven guitarrista, escuchaba las melodías y los *riffs* en mi cabeza, pero no podía hacerlos surgir de mi instrumento. El arte y la visión tienen sus propios tiempos. Los creadores que llegan a ser extraordinarios en un ámbito determinado suelen ser los que permanecen en el juego el tiempo suficiente para que ambos aspectos evolucionen hasta un lugar en el que finalmente puedan bailar la misma melodía. Si eres un creador y sientes ese nivel aparentemente interminable de descontento expresivo, debes saber que no hay nada malo en ti. Tampoco estás haciendo lo que no debes. Es solo parte del proceso. La única manera de cerrar la brecha es permanecer en el camino, seguir creando el tiempo suficiente para que tu capacidad se eleve a un nivel capaz de manifestar lo que escuchas, ves y sientes en tu alma de creador.

¿CON QUÉ OBSTÁCULOS TE ENFRENTAS?

Mientras que ciertas circunstancias te permiten sentirte plenamente vivo, otras te apagan. Estas circunstancias son tus disparadores y, generalmente, existen dentro de lo que yo llamo *zonas de peligro*. Cuando se desencadenan, tiendes a ir *al lado oscuro*. Es importante saber cuáles son tus disparadores, tus *zonas de peligro* y tus *lados oscuros*, para poder anticiparte a ellos y, si es posible, tomar decisiones que te permitan evitarlos y planificar de antemano las soluciones y estrategias de recuperación.

Como no eres un robot, sino un ser humano vivo, con un corazón y un cerebro, y un conjunto único de circunstancias vitales, tus disparadores, tus *zonas de peligro* y tus *lados oscuros* serán únicos. Sin embargo, presentamos a continuación algunos de los que suelen surgir con más frecuencia en la vida de los creadores. Empecemos con lo que yo llamo las tres peculiaridades del creador.

Las tres peculiaridades

- **Peculiaridad 1:** aburrimiento con los sistemas y la escala. Es muy posible que pierdas el interés en el momento en que el elemento de creación/hipercreación de cualquier esfuerzo se desvanezca. En el momento en que las cosas se vuelven estables o se basen en sistemas, te pones nervioso. Incluso si se trata de algo grande, genial, interesante e impresionante. Algo que «no podías esperar a que empezara». Una vez que un proyecto pasa a estar más en una fase de crecimiento estable, tienes que averiguar cómo mantenerte en el modo de creación/ideación o pasar a lo siguiente.
- **Peculiaridad 2:** desconexión con el resultado. Otra curiosidad: puede que te encuentres enamorado del proceso de construcción de algo, pero también extrañamente desconectado emocionalmente de la «cosa» final. No

porque no te importe, no porque no lo ames, sino porque fue el proceso el que te hizo experimentar la sensación más genuina y significativa de tener un verdadero propósito, de expresarte, no el producto.

- **Peculiaridad 3:** desconexión con el impacto. Tus creaciones pueden tener un enorme impacto en los demás. Puede que inventes un producto, realices creaciones artísticas, construyas una experiencia, una marca o una empresa que proporcione desde alegría hasta salvación. Lo que haces puede cambiar vidas, cambiar conversaciones, elevar comunidades o colegas. Te gusta saber esto. Pero si somos sinceros, por muy bien que nos sintamos, no es la razón esencial por la que lo haces. El hecho de que conmuevas a la gente, y la profundidad de ese efecto, es más una vara para medir tus capacidades y tu habilidad, para expresar plenamente tu visión e impulso, que un motivador principal del esfuerzo.

La colaboración en la creación

La decisión tomada por un comité, sumado a que el comité controle la creación, puede ser la perdición de tu existencia, particularmente cuando los implicados tienen valores, visiones y sensibilidades diferentes. Para los creadores con un fuerte sentido de la identidad ligado con una idea específica, o con un ideal de cómo debería ser el proceso y el resultado, verse limitado, obstaculizado o ver diluida su visión por la aportación de otros puede ser increíblemente frustrante.

Una colaboración sana, bien alineada y armonizada es estupenda, pero a menudo funciona mejor cuando cada persona tiene su propio «dominio de creación» dentro de un contexto o proyecto más amplio. O cuando hay un «creador principal» definido y consensuado, que establece en gran medida la visión y el enfoque, y luego trae a otros para hacerlos realidad. Verse forzado a compartir la toma de decisiones sobre partes del proceso relacionadas con tu visión, tu lente y tu gusto únicos, puede accionar aspectos negativos. Cuando creas con otros, puedes tener problemas con cualquier escenario que te obligue a trabajar durante un largo período, como parte de un grupo en el que no tienes un control sustancial sobre las decisiones que son importantes para ti, y que permiten que el trabajo sea la expresión más directa de ti mismo, de tu voz, de tu lente y de tu visión.

Además, las reuniones frecuentes y formales que requieren presentaciones, negociaciones y resoluciones con otras personas que tienen una opinión sustancial en el resultado pueden ser bastante perturbadoras. Cuando te ves obligado a vivir estas situaciones, puedes sentir frustración, ira, retraimiento, desilusión y debilitamiento. Aunque cada persona tiene una reacción diferente en su *lado oscuro*, no es raro que los creadores se retiren del proceso o del proyecto, o que completen el trabajo pero, si no tienen el poder o la influencia para mantenerse firmes, acepten la posibilidad de que su visión se diluya, mientras sienten que han dejado su alma cercenada y han dejado de contribuir a un nivel que les permitía sentirse vivos.

¿CÓMO HACER QUE FUNCIONE PARA TI?

Para los jóvenes creadores, particularmente para los que trabajan en un grupo más grande o en un contexto de colaboración, pero que aún no tienen suficiente influencia, credibilidad o poder, es importante elegir con cuidado, negociar sabiamente y tener claro dónde está su límite para la creación. Comprende claramente cuál será el proceso de toma de decisiones en cualquier emprendimiento antes de decir que sí. Averigua quién tiene el poder y la influencia, y hasta qué punto es maleable esa dinámica. Integra este aspecto a la hora de decidir lanzar o unirte a un proyecto, equipo u organización. Abre siempre los ojos. Y ten muy clara tu visión, tu contribución, tu poder y tu control desde el principio, para que las sorpresas sean mínimas.

Al mismo tiempo, comprende que, para hacer cualquier cosa sustancial, puede ser necesario involucrar a otros en el proceso. Y, aunque sus aportaciones pueden cuestionar o diferir de las tuyas, si te mantienes abierto a ellas, eres reflexivo y considerado, en lugar de reactivo, puede que te encuentres abierto a sus ideas y más capaz de hacer algo que puede ser diferente de tu visión original, pero también mejor.

Limitaciones de recursos

Del mismo modo, tener poco control sobre los recursos necesarios para realizar el producto en el que estás trabajando o no tener suficiente control sobre el proceso puede ser muy frustrante. Te obliga a salir constantemente del flujo de creación ferozmente generativo, que tanto te gusta, para pasar tiempo en modo «administrativo». Para los creadores, eso es tan divertido como comer arena. Los esfuerzos que carecen de recursos, que dependen de contribuciones externas que no responden a tus necesidades de manera oportuna o que carecen de apalancamiento en un escenario, junto con una responsabilidad sustancial para cumplir con el resultado prometido, pueden parecer imposibles. Cuando esto sucede, a menudo te cierras. ¿Qué hacer? Busca información sobre el proceso, la disponibilidad de recursos, la financiación, el acceso y el control por adelantado.

Si algunas cosas requieren que se dependa de recursos externos, sé proactivo en cuanto a las expectativas, los plazos y la disponibilidad. Cuando sea posible, negocia y acuerda los detalles de modo anticipado.

Además también podrías explorar un poco el reencuadre. En el ámbito de la creación, hay una regla universal. Las limitaciones, por muy molestas que sean al principio, fomentan la creatividad y la innovación. Explora la invitación a pensar de forma diferente, a imaginar y crear de forma distinta frente a las limitaciones que quizás no hayas pedido, pero que se han convertido en tu realidad. Enfócalo como un bello reto creativo para llegar a un nivel aún más alto, empezando con menos. Lo mejor de este replanteamiento es que no solo te saca de un estado de frustración, sino que, cuando acabas haciendo algo increíble, saber que ha surgido de un lugar aún más limitado y con menos recursos hace que el proceso y el resultado sean mucho más gratificantes.

El agujero negro de la creación

Dado que los creadores, en el espectro de la satisfacción (ver apéndice), suelen estar muy próximos al extremo del proceso y tienden a estar muy focalizados en lo que hacen, pueden caer en un agujero negro de la creación. Estás tan absorto en el proceso de creación que ignoras todo lo que hay fuera de ese proceso. Acabas haciendo un buen trabajo, pero también destruyendo gran parte del resto de tu vida en nombre de la creación al máximo nivel.

Si también ignoras tu propio cuidado, puedes acabar afectando negativamente tu bienestar físico y mental. Cuando tus reservas de vitalidad y de conexión se agotan, tu felicidad y tu bienestar se bloquean, lo que te impide trabajar a un nivel en el que puedas expresar plenamente tu *Sparketype* y tu potencial.

Debes estar atento. Cualquier circunstancia que te haga pasar grandes cantidades de tiempo solo o con personas igualmente comprometidas con tu esfuerzo y dispuestas a renunciar a casi cualquier otra parte significativa de la vida en aras de conseguirlo puede ser embriagadora, pero también devastadora. Las culturas y las organizaciones que fomentan activamente este enfoque del trabajo, en lugar de proporcionar valores, estructuras y expectativas alternativas, constituyen zonas de peligro.

Establece interruptores o mecanismos de control semanales para asegurarte de que no solo haces el trabajo de tu *Sparketype*, sino que también alejas la lente y haces lo necesario para cuidar de tu salud, tu estado de ánimo y tus relaciones. Además, comprométete y programa momentos, rituales y hábitos específicos de la «vida más amplia», como el ejercicio, la meditación, el tiempo para las relaciones, el tiempo para la naturaleza y el tiempo para no hacer nada. La cuestión es que el mejor momento para establecer las cosas que evitarán que te desvanezcas en un agujero negro de la creación es antes de dar el primer paso. El próximo momento óptimo es ahora.

Mantente alerta, sé consciente y proactivo. Si te encuentras en un escenario que es un disparador potencial, responde rápidamente y, aún mejor, haz lo que puedas para protegerte de caer hacia tu lado oscuro mucho antes de que ocurra.

MUÉSTRAME EL DINERO

Los creadores tienen una relación a veces complicada con la creación, el servicio y el dinero. Por un lado, es muy bonito poder vender lo que haces, recibir una compensación que te permita mantenerte y no tener que hacer nada más. Por otro lado, a veces sientes la presión de hacer lo que sabes que se va a vender (o de obtener ingresos), en lugar de lo que estás destinado a crear. Siempre es una especie de baile. No hay una respuesta universalmente acertada más allá del equilibrio que te hace sentir que te puedes expresar plenamente y, a la vez, que puedes sustentarte cómodamente.

Joel

Al crecer en el Bronx en los años ochenta y noventa, el escritor, músico e intérprete Joel Leon (creador/experto) encontró en el arte tanto una salida creativa como un lugar de refugio. A los cinco años, se escabullía, perdido en su propio mundo, para escribir, dibujar cómics y rapear *freestyle* en la habitación de su madre. «Niño de barrio, niño semipobre, niño creativo, niño artístico —así fue como se describió a sí mismo en un ensayo titulado *"Hip-Hop as Disruption"*— a caballo entre las balas y el libro, como una bailarina haciendo equilibrio en la viga».

Impulsado por su amor al hip-hop, la escritura y la interpretación, Joel se ganó una plaza en la emblemática Escuela de Artes Escénicas de Nueva York. Era bueno en el escenario y un habitual de las competencias locales de rap, donde la poesía unida a los ritmos se encarnaba en un poderoso *freestyle*. Pero debajo del actor que, a menudo, se presentaba como su personaje público, un impulso más profundo de creador seguía tomando el timón. La escritura siempre estuvo en el centro de su impulso. Un deseo implacable de crear un lenguaje y contar historias que dejaran al descubierto la verdad. Su chispa colaboradora de experto llevó a Joel a estudiar el trabajo de muchos escritores de historias, de comentarios sociales, escritos sobre justicia y equidad, que le habían precedido, no solo porque amaba estos trabajos y se inspiraba en ellos, como porque lo llevaban a profundizar en el oficio. Al adentrarse en la vida, convertirse en padre, y sentir la llamada a equilibrar su impulso de creador con su deseo de mantener a su familia, Joel adoptó una trayectoria mixta, bastante común entre los creadores. De día, es redactor publicitario y trabaja en equipos creativos en el mundo de la publicidad y el marketing. Le gusta. Se le da muy bien. Consigue contar historias y trabajar con grandes colaboradores, al tiempo que financia eficazmente su capacidad no solo para vivir bien y cuidar de su familia, sino para destinar tiempo a desarrollar su modo de creador alternativo como narrador público, escritor y autor.

En ese ámbito, Joel escribe y publica ensayos, poemas, artículos y libros que hablan de todo, desde la justicia racial y la representación en el mundo creativo hasta la posibilidad de reimaginar la paternidad, la salud mental, la música y el arte del lenguaje. Cada salida creativa conforma y apoya a las demás. Juntas crean el andamiaje y los canales que permiten que el impulso creador de Joel se abra camino en el mundo, cobre sentido y le haga sentirse visto, escuchado, seguro y vivo.

Mientras que muchos creadores encuentran un punto óptimo en el enfoque mixto, otros pueden ganarse la vida no vendiendo lo que crean, sino guiando a otros en el proceso de creación. Esto puede ser muy gratificante, especialmente cuando tu chispa colaboradora es la de maestro o asesor, o tu *Sparketype* es uno de los que están orientados al servicio y obtienen satisfacción al vincularse con el exterior. Tu impulso de creador satisface el deseo de convertir las ideas en cosas, pero el proceso de hacer lo que haces tiene valor para los demás, así que lo compartes de diversas formas, por ejemplo, un curso o una clase, talleres, tutorías y mucho más. Esta combinación puede ser una mezcla muy gratificante. Pero también puede crear cierta tensión.

Kristin

Kristin Livelsberger (creadora/asesora), miembro de nuestra comunidad Good Life Project desde hace mucho tiempo, es profesora de arte a tiempo completo. Kristin describió su trabajo como una especie de tira y afloja. «Aunque soy profesora de arte, un trabajo aparentemente increíble para un creador/ asesor —dijo—, me encuentro insatisfecha. No tengo la oportunidad de hacer mucho... Todavía estoy trabajando en cómo «ajustar» mi trabajo para incluir más aspectos creativos, ¡pero mi anhelo más profundo ahora es incorporar más creaciones a mi jardín, e incluir talleres o brindar servicios de asesoramiento para crear jardines especiales!».

Este es un estribillo habitual. A los creadores les encanta crear. Y tienden a rechazar cualquier cosa que les aleje de la creación, incluso si disfrutan de las cosas o personas que los alejan. Siempre hay un anhelo subyacente de volver a la cueva creativa, y una sensación de dolor sostenido de bajo grado que acompaña a su incapacidad para hacerlo. No se trata de una reacción voluntaria, ni de un juicio sobre las personas o experiencias que las alejan de la creación.

Para los creadores, el anhelo de expresar plenamente su impulso y también un valor profundamente arraigado de lograr seguridad financiera puede llevar a la combinación de actividades. Aleja la lente y reflexiona sobre dónde está la línea para ti. Es muy posible que encuentres la manera de ganar todo lo que necesites a partir de tu impulso de creador, especialmente con el tiempo, a medida que tu nivel en el oficio y la maestría te permitan expresarte a niveles cada vez más altos. Puede que decidas que la expresión libre es más importante que la compensación. Puede que encuentres un punto óptimo en el medio. Puede que encuentres salidas complementarias para tu impulso de creador. Eso es lo que hizo Kristin, centrándose en un ámbito creativo fuera del aula, la jardinería. Sea cual sea tu elección, cuanto más honesto y consciente seas, más fácil será crear la combinación que necesitas para sentirte vivo. Exploraremos este aspecto en detalle en el capítulo posterior «Impulsa tu trabajo».

EL
CIENTÍFICO
Tú, en pocas palabras

ESLOGAN
Descubro cómo funcionan las cosas.

Impulso motivador

Los científicos se dedican a la búsqueda de preguntas cruciales, problemas complicados, enigmas, acertijos y dilemas. Cuanto más complicado y complejo sea, mejor. También suelen estar muy orientados al proceso. Por supuesto, resolver el enigma, encontrar la solución o averiguar la respuesta es una sensación estupenda, sobre todo si acaba ayudando a otros de una manera que te importa. Pero es la búsqueda, el proceso de descubrimiento —o lo que Richard Feynman, físico ganador del Premio Nobel, describió como «el placer de descubrir las cosas, la emoción del descubrimiento»— lo que es igualmente, si no más, vivificante. La sensación de entusiasmo, energía y propósito no solo se siente cuando se llega a una respuesta, sino a través de la simple experiencia de buscarla.

Cuando la pregunta, el problema o el enigma que persigues está vinculado con un área, tema, persona o comunidad con el que sientes una conexión personal o una atracción innata, aunque no sepas por qué te atrae tanto, te sentirás aún más cautivado por el trabajo, y el sentimiento puede llegar a ser no solo una devoción, sino una vocación.

Parte del proceso de resolución de problemas consiste también en identificarlos, especialmente para los científicos que suelen ir por la vida advirtiendo, hacia cualquier lugar que miren, cuestiones que necesitan ser resueltas (lo que incluye a casi todos los científicos). Cultivar la capacidad de identificar los problemas que más te importan, y que crees que son los más susceptibles de ser resueltos, te permite centrar tus esfuerzos en llegar a una respuesta, en lugar de perforar mil pozos simultáneos de preguntas cruciales y no llegar a encontrar respuestas para ninguno.

Otra parte consiste en trabajar, pensar y actuar en el espacio de lo desconocido, a menudo cuando hay mucho en juego y la gente no ve las cosas como tú. De hecho, muchos científicos sienten una cierta irreverencia por el *statu quo* que a veces llega al nivel de desprecio por el estado actual de las ideas, los parches, las respuestas y las soluciones. En la mente de los científicos, incluso las preguntas bien contestadas son susceptibles de ser replanteadas, para encontrar respuestas y soluciones mejores, que están esperando que ellos las descubran.

Aviva

Desde que tiene uso de razón, la Dra. Aviva Romm (científica/experta) ha sentido un gran deseo de descubrir cosas. De pequeña, no paraba de armar rompecabezas, resolver problemas de palabras e incluso de abrir piedras para ver qué había dentro. «Yo soy esa persona —dice—. Si estás atrapado en una isla desierta y tienes que averiguar cómo salir o dónde conseguir comida o encontrar algo, tengo una forma de pensar sistemática intrínseca». Este impulso de resolver cosas y encontrar respuestas la llevó a esforzarse en la escuela, en las ferias de ciencia, incluso, en los concursos de ortografía de la escuela primaria, en los que descomponía las palabras en fonemas para averiguar su significado. No porque tuviera que hacerlo, ni siquiera porque quisiera el premio, sino porque el proceso era lo que la hacía sentir viva. Esta actitud la impulsó en su momento y, décadas más tarde, sigue siendo una motivación central para la acción en todos los ámbitos de su vida.

Sentada en el sofá, viendo la televisión con su marido, empieza a buscar en Google cosas que aparecen en los programas para entender mejor lo que está viendo en la pantalla y, luego, empieza a tratar de entender lo que está pasando a un nivel más profundo. En casi todas las interacciones con el mundo, otea constantemente el horizonte y se pregunta por qué las cosas se hacen así y, casi inmediatamente, se pregunta: «¿Y si en cambio lo hiciéramos de otra manera?».

En su vida profesional, durante décadas, el impulso científico de Aviva encontró una salida y un canal de expresión en su trabajo, primero como partera y herborista, y después como médica, profesora y voz principal en el mundo de la medicina funcional. Es la persona a la que acuden muchas mujeres cuando ya han acudido a todos los demás profesionales, han probado todos los tratamientos y, sin embargo, se quedan sin soluciones satisfactorias y, con demasiada frecuencia, enferman y son olvidadas. Su chispa colaboradora de experta ha alimentado décadas de voraz adquisición de conocimientos. El conocimiento básico no le es suficiente. Ella debe llegar a tener un conocimiento enciclopédico en su campo. Gracias a los años de trabajo con clientes, pacientes y colegas, y a un deseo implacable de no conformarse con las respuestas, paradigmas y enfoques anteriores, a menudo limitados, persigue y descubre nuevos conocimientos, ideas, soluciones, protocolos y tratamientos, que logran resultados para casos que parecen intratables e irresolubles para otros.

Esta actitud ha supuesto, en ocasiones, desafiar no solo las convenciones, sino todo el linaje y la cultura de la medicina tradicional y el correspondiente conjunto de limitaciones, restricciones, supuestos y estructuras. Todo en nombre no solo de ayudar a los pacientes a recuperar la salud, sino también de redefinir el paradigma de la medicina para todos y, además, incluir en la ecuación no solo la esperanza, sino también la curación.

Aviva ha encontrado el punto óptimo entre el impulso de científica, que la lleva a buscar la resolución, el impulso de experta, que la lleva a conocer, y su deseo innato de ayudar a las mujeres de una manera que no solo les permita recuperarse, sino también sentir que tienen el control y son comprendidas. El trabajo, para ella, puede ser duro, muy duro a veces, pero como la motiva tanto, lo siente más como una vocación que como una simple forma de ganarse la vida. Aviva es un ser humano con la chispa siempre encendida.

Un científico, incluso con otro nombre, sigue siendo un científico

Hay un momento en la película taquillera de M. Night Shyamalan de 1999, *El sexto sentido*, en el que un joven Haley Joel Osment, que interpreta a un niño que habla con los muertos, se dirige al personaje de Bruce Willis y le dice: «Veo gente muerta». A los científicos les ocurre lo mismo, salvo que, en lugar de personas muertas, ven por todas partes cosas que necesitan ser resueltas. Aunque, curiosamente, no son del todo conscientes de que esta compulsión subyace en muchas de sus decisiones y acciones. Para algunos, como Aviva, el impulso se revela de forma muy evidente a principios de la vida. Para otros, es un motor central, pero permanece semioculto hasta que la experiencia y la consciencia lo sacan a la superficie; entonces, una vez revelado, cobra protagonismo.

Alex

Alex Hart (científica/creadora) era una levantadora de potencia (*powerlifter*) de quince años y 40 kilos, que creció en el oeste de Texas. Era incansable en su búsqueda de pesos cada vez mayores y lo logró con creces a una edad temprana. Al igual que Feynman, la atención y los elogios no tardaron en llegar. Ella «triunfaba» según la opinión y la vara de los demás.

Sin embargo, para ella, no eran las pesas lo que le importaba, tampoco que el ejercicio de levantamiento de pesas aumentara su fuerza, su tamaño o que cambiara su apariencia. Le preocupaba el problema que estaba intentando resolver. Alex estaba aprovechando su impulso científico y utilizaba su cuerpo como un laboratorio viviente. El levantamiento de potencia era la «fisicalización» del proceso científico. Sus resultados, simples datos de una serie de experimentos que otros veían como «entrenamiento», eran su forma de probar o refutar sus hipótesis sobre lo que funcionaba y lo que no. Mientras que todos a su alrededor veían la búsqueda de logros atléticos, fuerza, masa y tono, para ella era una actividad casi totalmente intelectual. Sin embargo, Alex aún no había comprendido esta experiencia como lo que era, el primer indicio de cuál era su chispa motivadora.

Alex finalmente dejó el levantamiento de potencia, pero su impulso científico para encontrar nuevos problemas y resolverlos comenzó a florecer. Siguió la carrera de Derecho, en la que había muchos problemas que resolver, pero ese campo no la satisfacía. No le interesaba la naturaleza de los problemas que presenta ese dominio. Así que, luego de tres años, se marchó, se subió a un avión y voló al otro lado del mundo, se unió a la empresa de tecnología educativa Mindvalley en Malasia y trabajó con un equipo que desarrollaría una aplicación de meditación que ocupó los primeros puestos en el *ranking* de popularidad.

Una vez lanzada la aplicación y con esa «cosa resuelta», Alex empezó a buscar su siguiente problema para solucionar. Volvió a Austin (Texas), donde pasó los siguientes años, y asumió diferentes proyectos de desarrollo empresarial y de marketing, hasta que lanzó su propia empresa, Good Joo Joo, una agencia de marketing y crecimiento estratégico.

Al final, Alex se dio cuenta de que su impulso científico la llevaba a identificar los problemas, resolverlos y seguir adelante, y amplió rápidamente Good Joo Joo. Ella y su equipo se hicieron conocidos como una fuerza de ataque táctica y estratégica. Se sumergían en complejos problemas de crecimiento rápido, diseñaban estrategias, probaban, iteraban y optimizaban, todo con el fin de averiguar qué funcionaba mejor. Una vez que encontraban la solución, pasaban al siguiente problema. Tal y como haría un científico en un laboratorio.

Con el tiempo, Alex creó su propio espacio para dedicarse al proceso que la hace sentirse viva, elegir las áreas que más le interesan y elegir a sus colaboradores. Pero había algo más. Empezar su propia empresa también le sirvió para protegerse de cierto juicio social que suele perseguir al *Sparketype* científico, que está destinado a seguir un amplio abanico de problemas.

El juego de la vergüenza del científico

Algunos científicos se encuentran con que han aterrizado en un campo o un enfoque que es tan amplio y complejo, tan cargado de interminables subpreguntas, problemas y enigmas para resolver, que pueden pasar fácilmente años con una sola pregunta o pasar sin problemas de una a otra, de modo que el mundo exterior perciba estas trayectorias como la construcción de una «carrera coherente». Un investigador del cáncer puede expresar plenamente su chispa primaria de científico a través del trabajo en un único laboratorio, profundizando en una única pregunta o en una serie de preguntas durante toda su vida. Para el mundo exterior, sin embargo, está investigando sobre el cáncer, se concentra en una cosa, lo que proporciona una cierta estabilidad, arraigo, crecimiento y la percepción de «tener una dirección y ser fiel a ella».

Otros, sin embargo, se encuentran persiguiendo preguntas cruciales de una manera muy diferente y sienten a veces el juicio de aquellos que no comprenden del todo las decisiones que toman.

Bob

Al regresar a San Francisco después de enseñar inglés en Japón durante seis años, Bob Gower (científico/organizador) comenzó a trabajar en el periódico *San Francisco Examiner* haciendo maquetación y producción. Cada día había un nuevo problema visual que resolver. Ascendió rápidamente y se convirtió en director de diseño, más tardé dejó este puesto para trabajar en equipos de diseño de algunas empresas punto.com y luego volvió a la universidad para obtener un MBA en negocios sustentables.

Allí quedó fascinado por la forma en que los seres humanos viven, trabajan y crean de forma sostenible y complementaria, y por el papel que desempeñan las organizaciones. Se sumergió en las teorías y metodologías organizacionales, desde el desarrollo ágil hasta la holacracia, pasando por la teoría del caos y la complejidad. Muchos problemas, grandes y espinosos enigmas. Lo cautivaron las posibles vías para ejercer su impulso científico. Con el tiempo, se introdujo en el mundo de la tecnología de Silicon Valley, se convirtió en gestor de productos, luego, en un consultor ágil para dos empresas emergentes, en consultor de gestión, en escritor y en facilitador de conversaciones difíciles al más alto nivel de la empresa.

Iba saltando de un ámbito a otro, de un problema a otro, mientras acumulaba experiencia, sabiduría y perfeccionaba sus habilidades para resolverlos. Sin embargo, desde el exterior, Bob parecía estar en constante cambio. Parpadeaba una vez y cambiaba de empresa; dos veces, y cambiaba de título. Tres veces, se iba a una industria diferente. «Así no se construye una carrera», podría pensar la gente mientras levanta las cejas. Especialmente aquellos que no conocen el impulso científico.

La aparente incapacidad de Bob para «quedarse con una cosa, un área, una compañía», agravada por problemas de autoestima desde su juventud, se tradujo en rechazo y juicios desde afuera y en vergüenza en el interior. Alex sufrió una experiencia similar. No fue hasta que ambos comprendieron su línea de conducta primaria —el impulso científico de encontrar nuevos problemas y enigmas para resolver— que comenzaron un proceso de comprensión y autoperdón. El beneficio del tiempo también les permitió a ambos ver el hilo rojo que entreteje muchas de sus elecciones a lo largo de tantos años, y encontrar una mayor aceptación de sí mismos en sus enfoques para hacer lo que los motiva. Curiosamente, ambos se vinculan con una ética similar: ayudar a las personas y a las organizaciones a descubrir cómo crecer y crear un impacto de forma sostenible y saludable.

Tanto Bob como Alex construyeron eficazmente escudos contra el juicio social en torno a sus esfuerzos y crearon sus propios ámbitos para su búsqueda de respuestas. Alex creó

Good Joo Joo, así como una serie de empresas adicionales. Bob acabó construyendo su propia consultoría y una marca que le dio la cobertura de Bob Gower, consultor, autor y conferenciante, dentro de la cual construyó un espacio de libertad para realizar cualquier número de experimentos, preguntas cruciales y encontrar problemas para resolver.

Aunque no conozcas tu línea de actuación desde el principio, si sigues la llamada para responder a las preguntas candentes, mirarás hacia atrás, dentro de años o décadas, y no solo te darás cuenta de que has hecho un buen trabajo, sino que podrás ver con la claridad de una visión retrospectiva cómo tus elecciones han tejido una trama de problemas y soluciones que se relacionan con un tema común. Si no encuentras un lugar fácil para tu impulso científico bajo el amplio paraguas de otra persona u organización, no pasa nada. Date el tiempo y la gracia de descubrirlo, de pasar libremente del problema a la solución a través de cualquier número de dominios y entidades. Mantén tu compromiso de expresar tu verdad más profunda con firmeza y tomar las expectativas de aquellos que pueden no entender tu enfoque con ligereza.

Es personal, hasta que no lo es... y entonces vuelve a serlo

A menudo, los científicos se sienten atraídos por la resolución de problemas que ellos mismos han sufrido. Lo que comienza como un deseo de rascarse la picazón se expande hacia algo más grande y, luego, inevitablemente, se cierra el círculo.

Rev. angel

La Rev. angel Kyodo Williams (científica/experta) es la segunda mujer negra en ser reconocida como *sensei* o maestra en la tradición budista zen. A la Rev. angel, como suelen llamarla los que están en su órbita, le gusta colorear fuera de las líneas. Lo ha hecho desde que era una niña. Como mujer negra y *queer*, que creció en Estados Unidos en los años noventa, la Rev. angel soportó toda una vida de acoso, racismo, sexismo, exclusión y opresión que se manifestaba en casi todos los sentidos y todos los días. Esa experiencia la llevó a buscar no solo consuelo, no solo justicia, sino respuestas. Ideas, prácticas y procesos que pudieran, de alguna manera, permitirle entender mejor cómo liberarse, respirar más fácilmente y entender el mundo que la rodea.

La Rev. angel descubrió un conjunto de herramientas, prácticas y procesos de indagación, investigación y revelación en el estudio del zen, conformado en cada paso por su propia sensibilidad y experiencia práctica. Siguiendo su impulso científico, se encontró cada vez más con preguntas más profundas y complejas, lo que la llevó a dedicarse a la búsqueda de interrogantes que muchos evitan. ¿Cuál era el problema primordial que buscaba resolver? La liberación.

Durante más de dos décadas, la Rev. angel ha puesto su férrea compasión, su sabiduría y su deseo de buscar y decir verdades, a menudo incómodas, sobre la intersección entre los sistemas de opresión y los sistemas de liberación. Para ella, la justicia social, el desmantelamiento del racismo y la aceptación de la libertad no solo tienen que ver con el cambio social, sino con la liberación y la reivindicación personales. En sus palabras: «Raza, amor y liberación». Todos estos aspectos están entrelazados.

El «método científico» de la Rev. angel integra una amplia gama de ideas, habilidades, tecnologías de vida y trabajo en grupo, con el objetivo de acabar con la opresión sistémica, personal e interpersonal. A continuación, comparte sus descubrimientos e invitaciones para todo tipo de actividades, desde enseñanzas y conversaciones hasta libros, como *Radical Dharma: Talking Race, Love & Liberation*. Su objetivo final —la resolución del problema al que ha dedicado décadas— es iniciar una profunda curación y desmantelar la opresión por encima de los límites de la raza, la clase, el género, la orientación sexual y otras clasificaciones. Lo que empezó como un problema profundamente personal se expandió hasta convertirse en algo tan elemental, que llevó a la Rev. angel a darse cuenta de que los sistemas no cambian hasta que no lo hacen las personas.

¿CON QUÉ OBSTÁCULOS TE ENFRENTAS?

Al igual que cualquier otro *Sparketype*, los científicos son propensos a encontrarse en ciertas circunstancias, disparadores, que los llevan a un lugar oscuro. No se trata de que hayas hecho algo malo. Simplemente hay ciertas particularidades de cada *Sparketype* que tienden a hacerte más o menos susceptible a ciertas circunstancias que te desequilibran y, en lugar de llenarte, te vacían. La gran noticia es que cuanto más consciente seas de estos potenciales desencadenantes, mejor preparado estarás para verlos venir y evitarlos. Y, si te encuentras girando en una de estas experiencias de estancamiento, entenderás mejor lo que está sucediendo realmente y la mejor manera de explorar la experiencia, así como las medidas que debes tomar para volver a un lugar más saludable, constructivo y vivo. Curiosamente, los desencadenantes para los científicos son exactamente los contrarios a los de muchos otros *Sparketypes*.

Certeza

El aire que respiran los científicos es lo desconocido. Es ese lugar en el que algo no está del todo bien y en el que existe un camino mejor, pero cuál es exactamente, bueno, ¡vaya uno a saber! Lo desconocido es el terreno en el que siembran las semillas y cultivan las soluciones. Representa la posibilidad. Con el tiempo, a medida que la magia de la ciencia se va desarrollando, las respuestas van tomando forma y lo que antes era una gran incógnita empieza a ser visible. Surge una respuesta concreta y segura.

Nos enseñan a pasar nuestras vidas trabajando en pos de un resultado final; sin embargo, los científicos aman el proceso de llegar allí y aman el hecho de haber descubierto algo. Pero no les gusta estar allí. Es muy raro encontrar a un verdadero científico disfrutando o deleitándose con su solución. En lugar de ello, se emocionan durante un momento, luego el impulso vuelve a aparecer y se dirigen al siguiente problema, para entrar de nuevo en el reino de lo desconocido.

¿Pero qué pasa si no hay un próximo problema? ¿Qué pasa si estás encerrado en un trabajo, un papel, una industria, un conjunto de procesos, un curso de acción o un contexto en el que todo está bastante resuelto, nadie busca el cambio y la mayoría de la gente quiere que todo siga igual? Si no hay un próximo problema que resolver o una cosa que averiguar, arreglar o mejorar, no puedes perderte en el proceso de averiguarlo. No puedes hacer lo que has venido a hacer si ya se ha hecho y nadie quiere que se haga mejor.

De una manera extraña, mientras la mayoría anhela la certeza, la seguridad y la uniformidad, esa misma experiencia puede convertirse en un detonante para los científicos. Si permanecen demasiado tiempo en esta situación, los científicos se desinteresan profundamente, se frustran e incluso se ponen de mal humor. Pierden la motivación y, en su lugar, se encuentran atrapados en el proceso y se desploman lentamente.

Martin

Para los científicos, la naturaleza asfixiante de la seguridad puede aparecer en casi cualquier ámbito. Martin Nocchi (científico/asesor) fue sacerdote durante casi quince años. Le encantaba la experiencia de aconsejar a los feligreses y el reto de crear y presentar sermones conmovedores, y supuso que eso sería suficiente. Esta sería su vida. Sin embargo, con el paso de los años, empezó a sentir un creciente descontento. No estaba del todo seguro de lo que ocurría, pero sabía lo que sentía.

En lugar de profundizar en el camino que había elegido, se sentía cada vez más desconectado de él, incluso ahogado. Con el tiempo, Martin se dio cuenta del origen de su creciente vacío. Aunque había un flujo bastante regular de personas, situaciones y retos que resolver, muchos eran repeticiones de los mismos patrones y problemas, que requerían los mismos consejos. Además, esos momentos representaban una parte relativamente pequeña de su trabajo. La gran mayoría de sus horas de vigilia las pasaba en la rutina, el ritual prescrito, los sistemas y la repetición.

Para muchos, esto sería lo deseado, incluso reconfortante. Especialmente si se brindan servicios a los demás. Pero, para muchos científicos, incluido Martin, que se sienten atraídos por la novedad, la incertidumbre, la posibilidad y el proceso, el peso de la perpetua uniformidad se vuelve asfixiante. Tanto es así que Martin decidió hacer algo que otros podrían considerar un poco radical. Dejó el sacerdocio para seguir otro camino. Antes de tomar su decisión, pidió consejo a sus mentores dentro de la Iglesia y le preguntaron: «¿Qué pasa con tu fe?».

Para él, respondió, marcharse para encontrar una forma de contribuir con los demás, descubriendo o creando un camino que él respetara, y, entonces, construir en torno a su impulso intrínseco de vivir en la pregunta y pasar mucho más tiempo dedicado a resolver problemas, fue un acto de fe más grande que quedarse. No estaba abandonando a Dios, estaba encontrando una forma diferente de conectar y servir que también le permitía contribuir desde un lugar más auténtico y vivaz.

Para el científico, la verdad simple, la que parece casi insondable para tantos que están programados de manera diferente, es que ser capaz de atravesar perpetuamente el camino de la incertidumbre a la certeza es donde él se siente más vivo. Cuando las cosas se vuelven demasiado conocidas, demasiado rutinarias, demasiado cerradas, cuando no te dedicas a buscar preguntas, problemas, respuestas y soluciones, empiezas a marchitarte. Si eres un científico y sientes el malestar de una vocación, un camino o una carrera que deja poco espacio o necesidad de vivir en la pregunta, explora cómo podrías ampliar o cambiar tu trabajo, o la forma en que lo haces, para volver a una pregunta que sea lo suficientemente interesante como para activar tu impulso hacia el esfuerzo.

Falta de control

El control suele ser uno de los principales puntos de fricción para los científicos o, más exactamente, la falta de control sobre el proceso de investigación y los recursos necesarios para buscar la solución. La investigación en colaboración, trabajar con un equipo, puede ser una experiencia poderosa, cuando el equipo está equilibrado y el enfoque de cada persona es complementario. Pero, cuando los miembros del equipo enfocan un problema de forma diferente a la tuya y tienen cierto nivel de control sobre el proceso, las cosas pueden ponerse tensas rápidamente. El control compartido, así como la toma de decisiones y las acciones colectivas pueden ser una agonía para muchas personas. Para los científicos, con un fuerte sentido de la identidad ligada con una idea o un ideal específico de cómo debería ser el proceso y el resultado, estar atado, obstaculizado o que su búsqueda y su proceso se diluyan o interfieran con la aportación de otros puede ser sumamente frustrante.

Al mismo tiempo, puede ser muy beneficioso aprovechar la inteligencia colectiva y la potencial polinización cruzada de las ideas y percepciones de varias personas. Entiende que buscar respuestas a cualquier cosa sustancial puede requerir que involucres a otros en el proceso y, aunque sus aportaciones pueden desafiar o diferir de las tuyas, si te mantienes abierto a ellas, eres reflexivo y considerado, en lugar de reactivo, puedes encontrarte abierto a sus ideas y más capaz de adoptar enfoques o encontrar soluciones, que pueden ser diferentes de tu visión original, pero también mejores. El resultado final puede entrañar una cierta concesión sobre el proceso, pero la capacidad de llegar a un resultado mejor.

Falta de entrenamiento en la alquimia del miedo

Aunque vivir en la pregunta es el lugar que alberga las mayores oportunidades para el científico, también es el lugar que puede hospedar el mayor potencial destructivo para su bienestar personal. Es un arma de doble filo. La forma en que estás programado requiere que te sumerjas en la incertidumbre para hacer lo que estás destinado a hacer, pero eso no significa que estés emocional o psicológicamente equipado para prosperar allí y mucho menos para sobrevivir. Especialmente cuando hay mucho en juego, incluso la vida y la muerte.

La mayoría de las personas, incluidos los científicos, experimentan la falta de certeza en las apuestas como algo que va desde lo ligeramente incómodo hasta lo emocionalmente brutal. Para muchos, el miedo, la ansiedad y la duda se convierten en compañeros de cama persistente. Además de hacerte sentir mal, un nivel elevado de ansiedad tiene un efecto secundario e igualmente perjudicial. Frena la creatividad y la capacidad de resolución de problemas, especialmente la resolución de problemas basada en la perspicacia, que es el lugar donde los científicos suelen encontrar sus mayores avances.

¿Qué hacer entonces? Al igual que los creadores, para no solo sobrevivir, sino prosperar, los científicos deben aprender a transformar el miedo en combustible. Aprender y cultivar las habilidades, las prácticas y los procesos mentales necesarios para encontrar niveles más altos de ecuanimidad y capacidad frente a la incertidumbre de alto riesgo. Adaptarse a un estilo de trabajo más ágil e iterativo que «trocee» la incertidumbre y valide las hipótesis a lo largo del camino, y mantener la apuesta, en cualquier etapa, relativamente baja. Adopta prácticas físicas y mentales, desde la meditación y los ejercicios de respiración hasta el movimiento, que te permitan acceder cada vez más a la ecuanimidad y la quietud, incluso en medio de la búsqueda de respuestas a problemas grandes y complejos en los que lo que está en juego se torna insoportable. Comprender esta dinámica y cultivar estas habilidades fue, de hecho, el único objetivo de mi libro *Uncertainty: Turning Fear and Doubt into Fuel for Brilliance*.

Un pozo sin fondo

Dado que los científicos tienden a centrarse más en su interior, pueden caer en un agujero negro de preguntas cruciales. La búsqueda de respuestas te absorbe tanto que ignoras a todos y todo lo que hay en tu vida fuera de ese proceso. Acabas haciendo un buen trabajo, pero también destruyendo gran parte del resto de tu vida en nombre de la búsqueda de una solución. El riesgo es mayor cuando la pregunta, el problema o el enigma en el que se centra la búsqueda es tan amplio, complejo, sujeto a restricciones temporales o personal, que podría llevar muchas vidas resolverlo.

Esto puede crear una cierta presión, ya que hay un plazo, para trabajar más duro y durante más tiempo con el fin de tratar de resolver todo lo que se puede resolver en el tiempo que se tiene. Puede llevar a una dedicación obsesiva-compulsiva, casi adictiva, de tus horas de vigilia en nombre de llegar más rápido al resultado. Sin adoptar la visión de la posibilidad y la gratitud, el nivel de obsesión que te consume puede convertirse en una búsqueda inútil y destructiva. Puede dejarte no solo sin motivación y sin la sensación de agradecimiento, sino abatido, desmoralizado y tan consumido y alejado de todo lo que hacía buena tu vida, que ya ni siquiera eres capaz de resolver eficazmente el problema. Puede que seas capaz de mantener este patrón durante un tiempo, pero siempre vuelve a atormentarte.

Cuando tus reservas de vitalidad y conexión con los demás se agoten, no solo se paralizan tu felicidad y tu bienestar, tampoco puedes trabajar a un nivel que te permita expresar plenamente tu *Sparketype* y tu potencial. Al igual que otros tipos de chispa, a quienes el esfuerzo involucrado en el proceso los consume, es importante crear prácticas que te permitan prosperar e interruptores que te indiquen cuándo tu búsqueda se ha vuelto insana e incluso inútil, para que puedas hacer una pausa y hacer lo necesario para volver a un lugar más saludable.

MUÉSTRAME EL DINERO

Los científicos tienen una relación «interesante» con el dinero. En el mundo de los negocios o del trabajo, en realidad solo hay dos formas de cobrar. Aportar dicha o resolver un problema. Este último enfoque es en el que se centran la gran mayoría de las empresas y los puestos de trabajos. Cuanto más complejo sea el problema y más profundo el padecimiento, mayor serán la recompensa y la compensación potenciales. No siempre, pero a menudo es así. Por eso, los científicos suelen ser muy solicitados y estar muy bien pagados, sobre todo en ámbitos en los que hay mucho en juego y el impacto es muy grade. Los científicos tienden a ser uno de los *Sparketypes* que pueden expresar su potencial de manera más fácil y plena, y obtener una compensación significativa en el trabajo y en la vida. Las funciones clásicas en la investigación o la ciencia son una fruta madura, pero, como hemos visto, el impulso puede florecer, y a menudo lo hace, en una increíble variedad de campos, industrias y títulos.

Dicho esto, cuando los científicos se sienten atraídos de forma innata por un problema, una pregunta o un enigma que les interesa profundamente, e incluso a la sociedad, pero que no ofrece un camino claro y predefinido para obtener ingresos o un valor económico para los demás, pueden encontrarse divididos. Se ven obligados a elegir entre la búsqueda de una cuestión fundamental, especialmente si tiene relevancia para ellos, o un área de interés innato, y su propia integridad financiera o la expectativa de «ser responsables» ante aquellos cuya aprobación buscan.

Para resolver esta tensión, al igual que otros *Sparketype* muy orientados a los procesos, como el creador y el experto, los científicos pueden seguir un camino mixto. Se ganarán la vida con un trabajo que satisfaga y recompense económicamente su impulso de resolver problemas, aunque sea en un área que no sea de gran interés y, luego, desatarán ese mismo impulso «en paralelo» en relación con problemas o cuestiones que pueden no proporcionar una compensación económica significativa, pero que sí les interesan mucho. Desarrollaremos más información sobre este enfoque en el capítulo «Impulsa tu trabajo».

La belleza del impulso científico cuando se trata de ganarse la vida es que el mundo es un laberinto interminable de preguntas y problemas. Con un poco de esfuerzo, casi siempre es posible encontrar o crear las oportunidades que necesitas para aprovechar tu impulso y mantenerte en el mundo.

EL
ORGANIZADOR
Tú, en pocas palabras

ESLOGAN
Creo orden a partir del caos.

Impulso motivador

Para los organizadores, el impulso se centra en el orden, la síntesis, la simplificación y la claridad. Porque el orden —y no el de cualquier persona, sino su enfoque particular— es un motor primordial del esfuerzo. Pero también porque, para muchos organizadores, la utilidad y la belleza (aunque no utilicen esas palabras) son valores importantes y conciben el orden como la base de ambos. Cuando todo está en su sitio y se presenta de una forma que tiene sentido para el organizador, también lo tiene el mundo. No importa dónde vayan, ya sea en el trabajo, en casa o de vacaciones (o en un restaurante, una tienda, una experiencia, etc.), los organizadores ven el caos, el desorden, la complejidad, la falta de organización y, en lugar de querer llorar (como me pasa a mí), se desencadena el impulso de crear orden y simplicidad.

Los organizadores también suelen pensar en sistemas y procesos, con el objetivo de dotarlos de un sentido y de sensibilidad.

Curiosamente, como los organizadores acostumbran a estar muy orientados al proceso, el resultado final de su trabajo puede aportar un beneficio extraordinario a quienes los rodean, y eso es estupendo. Los organizadores disfrutan sabiendo que los frutos de su trabajo marcan la diferencia en el trabajo y la vida de los demás. Y la entrega de resultados puede estar vinculada con la forma en que se los remunera o compensa. Pero a menudo no es su principal motivo. No es la razón principal por la que hacen lo que hacen. Los elogios, la gratitud e incluso los ingresos que suelen *acompañarles* son simplemente una forma de medir el éxito y la habilidad que han adquirido en el proceso. Es la oportunidad de sumergirse en el proceso lo que realmente les da vida.

Cuando el reto en el que trabajas es un verdadero reflejo de tu visión, de tus ideas únicas, de tu perspectiva, de tus valores, de tus intereses y de tu sentido del orden, te enciendes. Cuando el ámbito, el campo o el área temática es algo que te atrae intrínsecamente, te encuentras absolutamente motivado. Cuando tienes control sobre el proceso, las fuentes y la visión y estás a cargo de todo, estás vivo. Y, lo que es más importante, cuando terminas la búsqueda y puedes dar un paso atrás y ver la transformación, eso te llena enormemente. Entonces, como la mayoría de los otros *Sparketypes* orientados hacia el proceso, pasas al siguiente proyecto.

Jenny

Al entrar en el salón de Jenny Blake (organizadora/experta), lo primero que ves es una pared de libros. Lo primero que piensas es: «¡Vaya, cuántos libros!». Entonces te das cuenta: hay algo más. Cada libro de cada estantería está ordenado de una manera particular. No por autor o título. No por el decimal Dewey. Ni por las categorías de ficción o no ficción, ni por género.

Cada uno de ellos está ordenado por el color de su cubierta, en la secuencia del arco iris.

El rojo se desvanece en el naranja, que se convierte en amarillo, para dar lugar al verde, que se transforma suavemente en azul, luego, en índigo, para finalmente entregarte, unos metros más abajo y a la derecha, los violetas. Por supuesto, se reserva un lugar especial para el espectro blanco-negro, que es una parte importante de su canon.

El primer impulso es... ¡corre! Esto solo podría haber sido hecho por la mente de alguien con problemas serios.

El segundo impulso... fascinación.

¿Cómo funciona el cerebro de Jenny? ¿Qué podría motivar a un ser humano a hacer esto con más de mil libros y, luego, mantenerlo? Antes de obtener mi respuesta, espero la reacción. Mientras me encuentro ante la pared de libros, dudando si dirigirme a la puerta o sacar un libro, colocarlo en otro lugar y ver qué respuesta airada me espera, Jenny me adentra en la elegancia de su sistema. «Empieza con el color —dice—, pero ¿notas algo más?». Pasa un tiempo: «Hmmm, no». «La altura —responde—. Primero es el color, luego la altura y después el tema. Sinceramente, no entiendo por qué alguien lo haría de otra manera».

La biblioteca del salón de Jenny es solo una de las muchas formas en que su impulso organizador se manifiesta de forma personal. Este mismo impulso también ha dado resultados increíbles en su vida profesional. Le sirvió para sacar las mejores notas en la universidad: sus apuntes eran tan organizados que acabó convirtiendo la toma de apuntes para otros estudiantes en un trabajo extra remunerado. Cuando se graduó, su enfoque de sistemas y procesos para dejar las cosas claras y hacerlas bien le sirvió de motor para conseguir un puesto en una de las mayores empresas tecnológicas del mundo, donde empezó a ascender rápidamente.

Ese mismo impulso la llevó a reimaginar la forma, a menudo caótica, no lineal y frenética, en que muchas personas desarrollan sus carreras, ideando marcos, herramientas, sistemas y procesos que ayudaron a simplificar y añadir claridad al proceso de desarrollo y transición de la carrera y a dar a luz a dos libros de gran éxito, *Life After College* y *Pivote*. Con el anhelo de tener un mayor sentido de control sobre la forma en que se ganaba la vida, y también de su capacidad para construir y ofrecer herramientas que ayudaran a otros a simplificar y «sensibilizar» las decisiones que tomaban en el trabajo y en la vida, finalmente se instaló por su cuenta como consultora, autora y conferenciante, actividades en las que podía encarnar plenamente su naturaleza organizadora.

Los organizadores en los equipos

Cuando se trata de equipos, los organizadores no solo son los que aportan cordura y facilitan el progreso, sino que son el material que mantiene las partes del barco unidas, especialmente cuando los mares se vuelven tormentosos. Mientras que la mayoría de las personas huyen de la complejidad y el caos, y esperan que otros los resuelvan, los organizadores corren hacia allí y los convierten en sistemas viables con una simplicidad que permite a los demás miembros del equipo respirar mejor y hacer más cosas.

Lindsey

Lindsey Fox (organizadora/tutora) ha formado parte de nuestra familia de trabajo durante años. Comenzó como encargada de supervisar los procesos generales y llegó a ser productora de pódcast. Durante cinco años, reunimos a nuestra comunidad Good Life Project, más de cien personas, en un campamento de verano para adultos durante tres días y medio. Lindsey creó los procesos, los sistemas, las hojas de cálculo, las listas de comprobación y la columna vertebral operativa para mantener esta locura y el creciente volumen de piezas en movimiento.

Cuando el pódcast Good Life Project empezó a despegar, y nuestra programación en directo hizo una pausa, Lindsey fusionó su amor por los procesos con su profunda conexión con la programación de audio, y se convirtió finalmente en la productora del programa. A lo largo de los años, su impulso organizador cambió de enfoque para evolucionar con sus intereses y nuestras necesidades. Construyó y gestionó el complejo y dinámico proceso necesario para mantener más de cuarenta episodios en diversas etapas de producción, desde la venta anticipada hasta la publicación. Me encanta crear el pódcast. Crear el marco para una conversación íntima y reveladora sobre las experiencias y las percepciones que hacen que la gente se sienta viva, me hace revivir. El tiempo que paso conversando con tantas voces destacadas e iluminadoras enriquece mi vida de innumerables maneras. Nada de esto sería posible sin mi compañera organizadora, que gestiona la cacofonía perpetua de piezas móviles, el ruido, el caos y la complejidad que define la realidad entre bastidores de cualquier plataforma mediática. Por muy importante que sea para mí hacer lo que hago, la idea de llevar a cabo todo el proceso de producción me produce urticaria. A Lindsey, aunque no siempre es fácil, es lo que la anima. Resulta que los organizadores son a menudo no solo el pegamento que mantiene todo unido, sino los creadores de procesos que convierten la disfunción y la parálisis en funcionamiento y progreso.

Los organizadores son indispensables

Los organizadores no solo crean orden a partir del caos, sino que desarrollan, mantienen y hacen evolucionar los propios procesos y sistemas que lo hacen todo, desde crear armonía, claridad, perspicacia y amplitud hasta impulsar de forma más eficaz y eficiente los resultados y el crecimiento. Solo por esta razón, suelen ser muy buscados y, una vez que se los encuentra, bastante indispensables. Sin embargo, hay una segunda razón, aún más visceral, que explica su carácter indispensable. El trabajo del organizador también es único de una manera muy diferente al trabajo de la mayoría de los otros *Sparketypes*. ¿Cómo? A menudo es un trabajo odiado por todas las personas que no están programadas de esta manera.

Durante años, no creí que los organizadores existieran. Su modo de ser es tan contrario al mío, que no podía concebir que alguien estuviera llamado de forma innata a entrar en el ojo de un tornado y comenzar el arduo y meticuloso proceso de recopilar información, estipular los pasos que se deben seguir, los recursos, los documentos, los artículos, los inventarios, los *datapoints*, las ideas, y más; evaluar su valor y su posición, y luego construir sistemas, estructuras y procesos que lo hagan todo accesible a los demás. Este tipo de trabajo me hace querer hacerme un ovillo y ver todas las temporadas de *Anatomía de Grey* dos veces. Resulta que no soy el único.

La inmensa mayoría de los *Sparketype* no solo comparten diferentes impulsos para el esfuerzo, sino que también comparten el mismo desprecio por el trabajo que los organizadores no se cansan de hacer. Y, dado que siempre hay demanda de este tipo de trabajo y es muy valorado, la persona que lo hace con maestría siempre tendrá un lugar en cualquier emprendimiento, equipo o proyecto. Los organizadores no solo son esenciales, son indispensables. No solo porque pueden y quieren hacer lo que muchos otros no pueden, no solo porque son catalizadores de la claridad, el progreso y el crecimiento, sino porque los organizadores evitan que todos los que no lo son tengan que hacer este importante trabajo, inimaginable para ellos. Sin embargo, esta misma bendición puede convertirse a veces en una maldición. Más adelante, en la sección «¿Con qué obstáculos te enfrentas?», hablaremos de este tema.

No es un capricho, es lo que haces

Curiosamente, mientras que los demás tienden a reconocer el trabajo del organizador desde el principio, los propios organizadores pueden a veces estar un poco ciegos ante él, hasta que alguna experiencia u observación, a menudo realizada por otra persona, lo pone de manifiesto. Piensan: «Organizar, sintetizar y simplificar no es algo que hago, es simplemente la forma en que hago todo».

Monisha

Monisha Rahemtulla (organizadora/tutora), que se considera una persona con don de gentes, comenzó su carrera en el ámbito de los recursos humanos. Le gustaba ayudar a la gente y era voluntaria a menudo cuando era niña, así que pensó que sería una buena opción. Trabajando en el área de selección de personal, se pasaba el día ayudando a la gente a encontrar trabajo, analizando sus currículos y realizando búsquedas.

A primera vista, el hecho de brindar un servicio debería haber sido profundamente gratificante, y lo fue, especialmente para su chispa colaboradora (tutora). Sin embargo, le faltaba algo. Empezó a darse cuenta de que la parte del trabajo que más disfrutaba era la de recopilar, organizar la información y sintetizarla en los currículos de las personas, para ayudarlas a contar una historia convincente. A menudo consideraba que eso no era una habilidad principal o una forma de contribución, sino que era simplemente la forma en que abordaba su trabajo. Monisha compartió sus sentimientos con su suegro, quien le sugirió que se especializara en el campo de la compensación y los beneficios, ya que era un área de gran demanda. Ella no tenía ni idea de lo que era el área de la compensación y los beneficios, pero le entusiasmaba la oportunidad de hacer algo que centrara su impulso organizador, en lugar de tratarlo como algo marginal en su vida laboral. Rápidamente descubrió que este campo se centraba intensamente en el cálculo de números, el análisis de datos y la gestión de proyectos. Se trataba de sintetizar, ordenar y simplificar como forma de extraer significado. Un trabajo de organizador. Fue un momento de luz. Al reconocer su capacidad para organizar la información y obtener la historia de los números, los directivos de Monisha trabajaron con ella para desarrollar esta competencia, le ofrecieron más oportunidades y proyectos cada vez más complejos y de mayor repercusión. Se dio cuenta de que podía permanecer en la profesión que había elegido, pero dedicándose a una especialización que la sumergía en los sistemas, los procesos, la distribución y la obtención de conocimientos que la hacían sentir viva. No era solo la forma de hacer las cosas, era lo que la definía, era su ser que se expresaba. Mientras escribo esto, Monisha lleva más de veinticinco años trabajando en este campo.

¿CON QUÉ OBSTÁCULOS TE ENFRENTAS?

Al igual que cualquier otro *Sparketype*, los organizadores tienen su talón de Aquiles. Hay ciertas zonas de peligro —circunstancias, experiencias, interacciones y expresiones de su impulso— que pueden llevarlos al lado oscuro. Una vez allí, la infelicidad, el descontento y la disfunción pueden empezar a instalarse. Es importante tener una idea no solo de estos desencadenantes generales, sino también del subconjunto al que tú, personalmente, estás más expuesto. Aquí exploramos los principales, como una forma de ayudar a reconocerlos, para que puedas verlos venir más fácilmente, tomar medidas para evitarlos y encontrar formas de desarmar los patrones y dirigirte hacia una dirección más constructiva y positiva, incluso una vez que estás en sus garras.

LA MALDICIÓN DEL ORGANIZADOR

¿Has oído alguna vez la frase «si quieres que algo se haga, dáselo a una persona ocupada»? Pues bien, los organizadores suelen tener una percepción similar. Por eso, es posible que soporten un nivel de exigencia aplastante a causa del trabajo que realizan. El trabajo de los organizadores no solo es fundamental para el éxito de casi cualquier empresa, sino que también es el trabajo que a la mayoría de los demás no les gusta y que hacen relativamente mal. Lo que puede dar lugar a situaciones en las que los no organizadores, particularmente aquellos que tienen cierto nivel de control y poder, transfieran sistemáticamente el trabajo que podrían —y probablemente deberían— hacer, al organizador más cercano. Una vez que el organizador hace un buen trabajo, y generalmente lo hace porque es el trabajo que lo motiva, todos los demás se dan cuenta. Llegan las recompensas y el reconocimiento, pero también el conocimiento de tus habilidades ninja por parte de más y más personas que también quieren que hagas su trabajo de organizador. Bien por ellos. No tan bien para ti.

La onda creada por tu impulso y habilidades únicas conduce a un mayor reconocimiento, avance y oportunidades, junto con un número exponencial de personas y proyectos que te descubren y quieren darte más trabajo del que puedes manejar. Incluso te doblegas ante la presión de las peticiones de los demás o, peor aún, te rindes y te vas. Si ves que esto ocurre, es fundamental que entiendas que el flujo de trabajo nunca se detendrá hasta que crees y refuerces los límites que te permitan respirar de nuevo, y también te dediques a los proyectos a los que dices que sí a un nivel que te permita deleitarte sabiendo que eres capaz de hacer tu mejor trabajo. Aprende a ver tu impulso y tus habilidades como una bendición. Siempre tendrás demanda, pero también debes saber que esa bendición conlleva la responsabilidad de definir a quién, cómo, cuándo y por qué vas a decir que sí al trabajo.

El organizador dentro de comités

Los organizadores suelen tener problemas cuando las personas, especialmente las que no tienen una sensibilidad similar, se interponen en su camino. Para ellos, la creación de orden por parte de un comité o la falta de control sobre el proceso y los recursos que les permiten sintetizar, simplificar y dar sentido pueden resultar desde ligeramente molestos hasta francamente aplastantes. Sin duda, esto suele ser duro para la mayoría de la gente. Para los organizadores, con un fuerte sentido de la identidad ligado a una idea específica de cómo debe ser tanto el resultado como el proceso, no solo es una molestia, sino una refutación de su identidad y de su valor.

Estar atado a un proceso creado por otra persona o, lo que es más frecuente en el mundo del trabajo, por algún equipo u organismo de toma de decisiones colectivo, puede resultar asfixiante y vacío. Cuanto más se adentren en un proyecto, peor será el problema. Cada parte del trabajo invertido en un proceso o en un resultado que creen que es menos eficiente, inteligente o eficaz que su enfoque, se siente como un trabajo desperdiciado, un tiempo perdido y una fuerza vital agotada. Y, por cierto, esto no se refiere solo al trabajo del individuo; a menudo, también suele suceder en la vida personal.

Control *vs.* dominio

Al principio de su carrera, Koesemanto Bong (organizador/ maestro) o «Koes», como le llama todo el mundo, empezó como ingeniero de *software*. Su naturaleza de organizador lo llevó a dedicar tiempo no solo a escribir código que hiciera el trabajo, sino también a automatizar los pasos que suponían un esfuerzo, a reelaborar continuamente el código para que fuera más eficiente y a limpiar la lógica confusa, haciéndola más fácil de entender para los demás. La elegancia importaba tanto como la funcionalidad.

Al ascender en el liderazgo como director de ingeniería, ese mismo impulso encontró una salida en la creación de procesos y optimizaciones que ayudaron a facilitar el trabajo y la vida de todos. En ese contexto, su naturaleza de organizador fue apreciada y protegida. Pero, como ocurre con la mayoría de los organizadores, ese mismo impulso, a veces, puede entorpecer otros aspectos de la vida. Con su característica sonrisa, que hace que todos los que lo rodean se unan a él, Koes nos cuenta: «Lo mío es la eficiencia y, a veces, vuelvo loca a mi familia: desde asegurarme de que los eventos de nuestro calendario están en orden hasta crear una hoja de cálculo para nuestras vacaciones u optimizar el espacio del lavavajillas para poder cargar y descargar lo más fácilmente posible».

Monisha ofreció una reflexión similar, compartió cómo su familia la regaña cuando van de acampada. Como madre organizadora a cargo, tiene un sistema metódico y elaboradamente organizado para preparar el campamento. Sabe exactamente cómo hay que hacerlo, pero no puede describírselo a nadie más. Cuando intentan ayudar, es como si se interpusieran en su camino, así que los echa y se empeña en hacerlo ella misma, a su manera. En el caso de Koes y Monisha, la extravagante necesidad de tener el control provoca más risas que angustia, pero no siempre es así, especialmente en el contexto del trabajo. Cuando se trata de proyectos que nadie quiere asumir, y mucho menos liderar, se suele apreciar el impulso organizador de tomar las riendas. Sin embargo, en el contexto de los proyectos en que los que te rodean realmente quieren participar, el impulso de definir y controlar tanto el proceso como el resultado puede causar conflictos. En efecto, excluyes a los demás, a menudo a los que necesitas, e incluso puedes causar que se sientan poco apreciados, descartados y devaluados. Además, en algunos casos, en el desorden, el caos y la apertura a lo desconocido es donde se encuentran las mejores historias y aventuras. Así que es un baile constante. Para protegerse de esto, pregúntate:

- ¿Cuánto importa realmente que yo tenga el control en este contexto específico?
- ¿Hay otras prioridades o preocupaciones mayores que puedan prevalecer sobre mi necesidad de controlar el proceso en este momento?
- ¿Es mi enfoque realmente tanto «mejor» que justifica mi empeño en controlar?

Todo esto nos lleva a uno de los factores desencadenantes de los organizadores.

Eficiencia frente a eficacia

Para los organizadores, la eficiencia suele ser su medida para evaluar el éxito tanto en el desarrollo del proceso como en los resultados que obtienen. Constantemente analizan la experiencia para simplificarla, eliminar pasos, agilizarla y sintetizarla. Poder encontrar la manera de llegar al mismo lugar que otra persona con menos esfuerzo, complejidad, estrés y desgaste, y con menos desvíos, esa es su máxima aspiración. El problema es que la eficiencia y la eficacia no son siempre, o incluso a menudo, lo mismo. La forma más limpia de hacer algo no es siempre la mejor manera de hacerlo. Ni tampoco conduce siempre a un resultado óptimo. Esto es especialmente evidente en el proceso de innovación y creatividad. La innovación requiere un cierto desorden sostenido. Es lo que se conoce como la fase divergente del proceso, en la que el trabajo consiste en derribar los límites para las ideas y dejar que entre todo, incluso las aportaciones e ideas más descabelladas.

No se trata solo de permitir el caos, sino de invitarlo a la conversación. Sabes, de entrada, que la gran mayoría de las ideas no serán viables y serán desechadas. Aun así, si se evita el desorden y se intenta crear un proceso que opere directamente de un modo convergente y sistemático de «sintetizar y validar» la creación, puede que se acabe llegando a una solución, producto u oferta de forma más eficiente, pero la probabilidad de que represente la verdadera capacidad de las personas implicadas es bastante escasa. No solo es necesario el desorden, sino que hay que permanecer en él el tiempo suficiente para que el desorden de primer orden dé paso a la mediocridad de segundo orden que, a su vez, genera la genialidad de tercer orden. Si se cierra ese proceso en nombre de la eficiencia, se puede llevar al equipo del punto A al punto B con mayor rapidez, pero ¿qué pasaría si la respuesta más poderosa y transformadora estuviera en el punto C, que se encuentra al final de una tangente que tú no estabas dispuesto a permitir que nadie recorriera y mucho menos reconocer, porque era demasiado complicado? Curiosamente, en la última década, han empezado a surgir metodologías de innovación que se adaptan mejor a esta situación. Enfoques como el *design thinking* o el diseño centrado en el ser humano defienden la necesidad de la experimentación temprana, la ideación y el desorden, pero dentro de un proceso bien pensado y progresivo, que conduce finalmente a la concentración, la iteración y la producción. Estos sistemas operativos de innovación pueden proporcionar un gran punto intermedio, que brinda a los creadores y a los generadores de ideas la libertad de hacer lo suyo, mientras que da a los organizadores suficiente estructura para respirar y saber que «su momento está llegando».

La compulsión y el aislamiento

Como hemos visto, el impulso del organizador por crear orden puede llegar a veces al nivel de la rigidez extrema. Esto puede causar fricciones con los demás. Hay, de hecho, un paso más allá de la rigidez que puede ser más preocupante y es la compulsión y la fuerza. La búsqueda del orden puede, a veces, empujar hacia la compulsión obsesiva de hacer todo perfecto y mantenerlo perfecto y ordenado, todo el día, todos los días. Además, como los organizadores tienden a centrarse más en su interior y en el proceso, pueden caer en un agujero negro de simplificación y organización. Están tan absortos en la búsqueda del orden y el control, que ignoran a todos y todo lo que está fuera de ese proceso en sus vidas. Acaban haciendo un buen trabajo, pero también corren el riesgo de no llegar nunca a desarrollar su potencial, porque estaban más preocupados por el orden que por la evolución. Y se arriesgan a destruir gran parte del resto de sus vidas en nombre del perfeccionamiento del orden.

El riesgo de que esto ocurra es mayor cuando el reto en el que se centra la búsqueda es tan vasto, complejo y está en constante cambio o crecimiento, que podría suponer un gran esfuerzo y semanas, meses o incluso años para crear los sistemas que se necesitan. Por esta razón, es importante contar con lo que yo llamo *disyuntores* y *rompepatrones*. Si sabes que tienes esta tendencia, designa a personas de tu trabajo o en tu vida (o en ambos) en las que confíes y que te conozcan bien a ti y tu tendencia, y dales el poder de decirte cuando les preocupa que te estés saliendo de los carriles de la eficiencia. Dedica tiempo a escuchar y, luego, acuerda los pasos futuros y los posibles cambios de comportamiento para asegurarte de que vuelves a un lugar más saludable. Incluso si las personas no están disponibles para desempeñar este papel, crea momentos para romper el circuito relacionado con ciertos desencadenantes específicos, como una revisión semanal o mensual en la que se reflexiona sobre determinados temas que ayudan a ampliar un poco la visión y discernir si es el momento de un reinicio.

MUÉSTRAME EL DINERO

Además de que el impulso organizador de crear orden, estructura, simplicidad y claridad se valora y se elogia en muchos escenarios personales, desde la limpieza de la habitación cuando se es niño hasta la creación y el intercambio de apuntes y esquemas increíbles cuando se es estudiante, tiende a ser muy demandado en un entorno profesional. Dentro de las organizaciones, el trabajo que realizas es crítico para la misión. Tus esfuerzos pueden desempeñar un papel clave en todo, desde dar sentido a los datos y transformar la información en ideas útiles hasta crear procesos y sistemas que permitan que casi todo ocurra. Los organizadores son los catalizadores de la comprensión, la adopción de medidas, la eficiencia, la eficacia y los resultados. Por eso, tú y el trabajo que realizas siempre serán muy valorados. Otra cuestión es si ese valor se traduce en un ingreso.

Cuando tu impulso organizador encuentra una salida en un ámbito o industria que asigna un alto valor económico a lo que haces —piensa en las finanzas, las tecnologías de la información, la industria farmacéutica y muchas otras— es probable que te conviertas no solo en indispensable, sino también en bien compensado y solicitado. Sin embargo, es posible que te sientas atraído por campos, causas o actividades que necesitan desesperadamente lo que tú ofreces y con los que sientes una gran afinidad, pero que no conceden el mismo valor económico a tu trabajo o simplemente no tienen un nivel de financiación que permita una compensación similar a la de otros sectores. En esos casos, es posible que tomes decisiones deliberadas, basadas en lo mucho que valoras la plena expresión y la seguridad financiera.

También es posible que explores un camino mixto, que analizamos con más detalle en el capítulo «Impulsa tu trabajo», más adelante en el libro. O puede que crees tu propio medio, a menudo en forma de una práctica privada centrada en cualquier aspecto de tu interés, desde la organización profesional hasta la logística y la gestión de proyectos. Este puede ser un enfoque satisfactorio tanto para ganarse la vida cómodamente como para hacer la mayor parte posible del trabajo que te motiva.

Independientemente de las decisiones que tomes, recuerda
que lo que haces es increíblemente importante, necesario, valorado y, en muchos campos, raro e indispensable. Eres un uni-
cornio. Hazte cargo de ello y luego trabaja para encontrar el
punto óptimo entre la forma en que decides exteriorizar este
impulso y la forma en que quieres mantenerte.

EL
PERFORMER
Tú, en pocas palabras

ESLOGAN
Convierto los momentos en magia.

Impulso motivador

Los *performers* cobran vida cuando animan, amenizan y dinamizan, cuando insuflan vida, emoción y sensaciones a una experiencia, interacción, compromiso, momento, papel o actividad, de manera que se genera energía, emoción y comprensión.

Los *performers* se encuentran entre los *Sparketypes* más raros e incomprendidos. Muchos oscilan entre los sentimientos de vergüenza cuando expresan su impulso y la represión cuando lo inhiben, ya que la familia, los amigos, los colegas y la sociedad exaltan y veneran esta característica en ciertos ámbitos, pero, en otros, la desprecian e incluso la castigan. También es uno de los *Sparketypes* más desorientados, en gran parte porque a menudo se ve limitado artificialmente por la noción de que solo puede expresarse en el mundo de las artes escénicas.

Esta concepción no solo es errónea, sino trágica. (Lo sé, lo sé, demasiado dramático). Lo es porque niega a los *performers* la oportunidad de llevar su impulso hacia un horizonte más amplio de posibilidades que no tenga conexión directa con las artes escénicas. Además, niega a los amigos, familias, colegas, empresas y comunidades el inmenso beneficio que supone estar en presencia de un *performer* que se permite expresarse con pleno derecho.

Al igual que todos los demás *Sparketypes*, los *performers* suelen alcanzar la sensación de sentirse vivos y plenos cuando aquello a lo que le insuflan vida es también un verdadero reflejo de un fuerte interés, visión, valor y sentido del gusto.

Los *performers* son inusuales en el sentido de que su capacidad para cobrar vida plena integra tanto elementos de proceso como de servicio. Muchos de ellos obtienen una gran alegría y satisfacción durante el proceso. Les encanta el estudio, la práctica y el perfeccionamiento de su oficio, que, a menudo, tarda años en desarrollarse. Sin embargo, la capacidad de llevar a cabo este impulso de la forma más completa y de que se convierta en una chispa les exige, en última instancia, interactuar con los demás, o de lo contrario, al final, se encuentran actuando en el vacío.

La autora Kate DiCamillo me dijo una vez que, como escritora, el acto final de la creación no sucede cuando se publica un libro, sino cuando un lector lo termina. Esto se aplica aún más al trabajo del *performer*, porque su naturaleza fundamental requiere la existencia y la conexión con otros seres.

Esto nos lleva a preguntarnos: «¿Qué significa estar en relación con los demás en el contexto de la actuación?». Respuesta breve: es complicado. Vivimos en un mundo en el que una interacción puede tener lugar en tiempo real (sincrónica) o en momentos diferentes (asincrónica) y el modo del compromiso puede ir desde lo íntimo y en persona hasta lo virtual y global:

- ¿Gente en un teatro mirando a los actores en el escenario? Esta situación sucede en tiempo real, en persona y en una semiprivacidad.

- ¿Personas en una sala de juntas interactuando con un agente que facilita una conversación? Esto sucede en tiempo real, es personal y privado.

- ¿Gente en un bar mirando a un barman montar un espectáculo? Esto ocurre en tiempo real, en persona, y probablemente es menos privado.

- ¿Y qué hay de la gente en un cine mirando una película, meses después de que la obra en escena se haya terminado? Esta situación sucede de modo asincrónico, remoto y a gran escala.

- ¿Y los estudiantes que toman clases a distancia en directo? Estas lecciones son sincrónicas, a distancia y desde cualquier lugar, pueden ser privadas o masivas.

- ¿Y si las lecciones se imparten en forma de vídeo pregrabado, seleccionado a demanda y visionado en un momento posterior? Esta situación es asincrónica y a distancia, aunque dada la evolución de la tecnología, que permite la sensación de estar en una sala virtual, el sondeo, el chat y la retroalimentación visual, las cosas se vuelven un poco más difusas.

Cada *performer* es único en sus preferencias. No hay una respuesta universal cuando se trata del modo de compromiso que les permite obtener más fácilmente lo que necesitan de una experiencia para sentirse vivos. Lo importante es entender que estas cosas importan, a menudo, más de lo que los *performers* creen. Algunos se sienten bien haciendo lo suyo ante una cámara y sabiendo que el acto final de compromiso, conexión y actuación tendrá lugar meses o incluso años después. Otros están bien con una pantalla entre ellos y el público al que se dirigen, pero la experiencia no les da lo que necesitan, a menos que todo ocurra en tiempo real. Otros necesitan estar en persona, en una sala, en un teatro, dando un paseo o en cualquier otro entorno que «prepare la escena» para que el actor cobre vida.

Las plataformas actuales de vídeo y audio lo hacen exponencialmente más accesible. Si eres un *performer* que tiene la suerte de estar en un lugar en el que puedes realizar tus actividades de actuación de forma regular, pero todavía te sientes vacío, mira el modo en que lo haces. Es posible que encuentres un fuerte conflicto, lo que te dará la hoja de ruta para recrear tus ofertas de una manera en la que sea más probable que la experiencia cobre vida tanto para los demás como para ti.

Yvonne

De niña, Yvonne Ator (*performer*/creadora) se dedicaba a cantar, tocar música y bailar, tanto en las reuniones familiares como en escenarios locales. Como ocurre a menudo, con el tiempo, este impulso se desvaneció cuando Yvonne entró en la adolescencia, y luego, en la edad adulta y en la universidad, donde se alejó de su impulso de *performer* y se orientó hacia la práctica de la medicina. Curiosamente, Yvonne nunca se habría presentado a la facultad de medicina de no ser por una señal aleatoria. El último día del periodo de solicitud, se topó con un artículo sobre médicos que también eran músicos. En el fondo de su mente, ese sería su camino. Una vez en la facultad de medicina, la exigencia de su formación la afectó. Se guardó su impulso de *performer*, se centró en sus estudios y comenzó su vida como médica. Sin embargo, los impulsos de tu *Sparke-type* pueden ser sofocados, pero nunca extinguidos. En cuestión de años, una serie de tomas de conciencia la llevaron a tomar una decisión. Yvonne dejó la consulta y se dedicó a ayudar a los médicos a superar el estrés y el agotamiento de la profesión. Aunque este nuevo trabajo estaba más alineado con su pasión por ayudar a la gente a prosperar, algo no estaba del todo bien. Por aquel entonces, decidió visitar el Campamento GLP, un campamento de verano para adultos que nuestro equipo de Good Life Project organizó durante cinco años. Por primera vez desde su infancia, su impulso de *performer* volvió a salir a la superficie. «El campamento fue como mi actuación anual —dijo—, pero no solo en el escenario. Por alguna razón, el mero hecho de ser yo misma me hizo sentir una especie de poder en mis interacciones, me hizo saber que había algo más en términos de cómo me estaba mostrando y sabía que me estaba escondiendo. Me he estado escondiendo por mucho tiempo». Al descubrir su *Sparketype*, muchas cosas tenían sentido.

Yvonne comenzó a explorar cómo sería aprovechar su impulso de *performer* para ayudar a los médicos a prosperar, con un enfoque centrado en el *coaching*, en talleres y retiros. Se dio cuenta de que la gente acudía no solo por sus conocimientos, sino por su presencia, su capacidad para crear una cierta energía que transmitía seguridad y vitalidad, que causaba que los asistentes se abrieran y respiraran de nuevo, de modo que se sentían más inspirados, conectados y vivos. Su chispa de *performer* estaba en pleno apogeo.

Cuando llegó la pandemia, con la presión y el estrés de los profesionales de la salud amplificados, Yvonne supo que tendría que cambiar la forma de aportar su naturaleza esencial. Se puso a ofrecer sesiones semanales de descanso virtual para dar a los médicos un espacio seguro para respirar, compartir y ser. Yvonne no tardó en darse cuenta de que las sesiones tenían un doble propósito. Los médicos a los que servía seguían teniendo un oasis para atravesar una época brutalmente dura, mientras que a ella le permitía dar salida a su impulso de *performer* para dar vida a los momentos e interacciones de una forma que la hacía sentir más viva. «Hablamos de cosas muy intensas —compartió—. Salgo de esas llamadas y podría correr un maratón. Estoy como en llamas y, de nuevo, no se trataba de mí».

Resulta que los *performers* están a nuestro alrededor, incluso cuando no se llaman a sí mismos *artistas* o *actores*. Pero también, a menudo, se esconden hasta que ocurre algo que permite que su chispa tome el protagonismo.

Toda una vida sofocándolo: «Si lo tienes, escóndelo»

Los *performers* a veces ocultan su impulso, incluso niegan su existencia y se convencen de que su anhelo de animar e insuflar vida a una experiencia no es realmente su esencia. Hay tres posibles estigmas que alimentan este fenómeno:

- Parece demasiado egocéntrico y centrado en sí mismo (¡¡¡Oye, mundo, MÍRAME!!!!).
- Está culturalmente desaprobado, no es una forma socialmente apropiada de ser. Los australianos lo llaman «el síndrome de la amapola alta», aunque casi todas las culturas tienen su análogo que dice que no hay que eclipsar a los que te rodean ni llamar excesivamente la atención. Sin embargo, las redes sociales se han convertido en un poderoso contrapeso a este estigma.

- La única salida son las artes escénicas y...: «Oh, cariño, es una afición encantadora, puedes hacerlo de forma paralela, pero no es algo apropiado para ganarse la vida, porque, oye, sabes que te queremos, pero nadie que conozcas, incluido tú, lo hace. Y no quieres vivir toda tu vida como un artista que lucha para salir adelante. Eso no es lo que hacen los adultos responsables».

Este condicionamiento, a veces, llega en forma de guiños sutiles. Otras veces es evidente y se transforma en un peso constante en el alma del *performer*. El resultado inevitable para muchos es reprimir el impulso, lo que los lleva a negar la existencia de este impulso para evitar el juicio de los demás y la vergüenza. Sin embargo, el coste de esta represión puede ser devastador, tanto emocional como físicamente.

Jodi

Conocí a Jodi McGarahan (*performer*/asesora) entre bastidores en el programa de Mel Robbins. Mel estaba haciendo un segmento sobre la posibilidad de reimaginar el trabajo a los cincuenta años. Jodi fue invitada a compartir su experiencia y, hasta cierto punto, sus luchas. Yo estaba allí como invitado experto para aportar ideas. La noche antes de llegar, Jodi había completado el *Sparketype Test*. Su *Sparketype* primario era el de *performer*. Pero, entre bastidores, aunque nos conectamos brevemente antes de salir al aire, algo se sentía un poco raro. Estaba callada, un poco ansiosa e indecisa, incluso retraída. No en el sentido de «Necesito estar en mi lugar especial antes de salir al escenario», sino más bien en el sentido de una fuerza vital silenciosa, algo derrotada y asfixiada.

Cuando era niña, me enteré, Jodi estaba obsesionada con los juegos de rol, la actuación, los espectáculos y el canto. Es lo que la iluminaba. Pero, cuando su impulso de *performer* empezó a surgir de manera más central y creció un poco, su madre lo apagó. Le hizo saber a Jodi que no era una forma apropiada de ser, ni una búsqueda digna porque nunca sería lo suficientemente buena para vivir de esa profesión. Lo que Jodi escuchó fue: «El impulso no puede ser válido si no puedes confiar en él para ganarte la vida». Como quería mantener la armonía en la familia y sentir el amor y el aprecio de su madre, Jodi se alejó de su impulso de *performer*. Finalmente, emprendió una carrera como enfermera y, luego, en una segunda etapa, en los negocios. Tuvo mucho éxito en ambos campos, pero nunca estuvo satisfecha.

Sentado junto a Jodi en el programa de Mel, al analizar su historial de trabajo, me sorprendió ver que su *Sparketype* primario era el de *performer*. Le pregunté si había algo que ella había ocultado en su interior. Me contestó que sí, que había amado la interpretación toda su vida, pero se alejó de ella. Le dije que eso era algo serio. Se le llenaron los ojos de lágrimas. Sentí que la pesadez que había visto entre bastidores empezaba a desaparecer.

Jodi había sentido una abrumadora sensación de tristeza o pérdida durante toda su vida. Tenía una hermosa familia, una vida cómoda, pero sabía, en el fondo, que le faltaba algo. Tenía ese anhelo, pero no de cosas materiales. Cuando hizo el *Sparketype Test*, por primera vez en su vida, todo tuvo sentido. Sabía que había estado ocultando algo que era tan esencial para su capacidad de prosperar, que era hora de dejarlo aflorar. «El *Sparketype Test* me hizo emanciparme —dijo—, porque nunca habría entendido por qué siempre estaba deseando algo más. En el momento en que me di cuenta de quién era realmente y volví a casa, empecé a echar la red por ahí y a ver qué encontraba. Están sucediendo tantas cosas. Es increíble y ya no tengo miedo».

Es algo hermoso cuando la vergüenza te abandona y te abres a validar tu impulso innato de invertir esfuerzo en algo que te hace sentir vivo. Curiosamente, una vez que Jodi reivindicó su impulso interior, también pudo reconocer cómo se filtraba en sus anteriores carreras: cantando a los pacientes como enfermera o montando un espectáculo como ejecutiva de ventas. De hecho, el impulso de *performer* a menudo sale a la luz de formas que no se parecen en nada a lo que suponemos que son las formas tradicionales de la actuación.

Más allá de las artes escénicas

Cuando pensamos en el *performer*, muy a menudo, pensamos solo en los modos de expresión más tradicionales: teatro, cine, canto, danza, actuación, palabras habladas y géneros similares. Pero, cuando hablamos del *performer* como *Sparketype*, adoptamos una óptica mucho más amplia.

No está restringido a un canal o género tradicional. Se trata de la vocación de participar en experiencias, interacciones, momentos, oportunidades y relacionarse con personas de una manera que insufla vida a la interacción y la infunde con energía, emoción y, a menudo, conexión y confianza. Se trata de amplificar y animar casi todo de forma que se centre la atención, se evite el aburrimiento, se superen las barreras, se aumente el compromiso y la comprensión, y se llegue a una forma más significativa e impactante. Se trata de dar energía y vida a los momentos.

El *performer* también puede prosperar fácilmente en papeles que giran en torno al deporte, el arte de la interpretación, la oratoria, la comedia, la facilitación de cursos de formación empresarial, talleres, eventos, la dirección de reuniones, la enseñanza a alumnos de secundaria, la preparación de helados, la atención de un bar, la dirección de un equipo o una empresa, o casi cualquier otro campo. La característica principal es el impulso. Lo que más te entusiasma de las actividades de trabajo es la característica de actuación/representación de lo que haces y la reacción que obtienes de los que se conmueven con tu presentación.

Erin

Erin Bellard (*performer*/organizadora) creció bailando. El baile lo era todo para ella. Alentada por sus padres y por los que la rodeaban para que aceptara la llamada de su vocación, se dedicó a la danza de modo profesional e, incluso, consiguió una plaza de bailarina en el Houston Ballet. Si bien la principal expresión de su impulso de *performer* fue la danza y los escenarios literales a principios de su vida, encontró un camino muy diferente y un escenario distinto, más metafórico, a medida que su vida y su carrera evolucionaban.

Erin acabó trasladándose a Nueva York y, como hacen muchos de los que aterrizan en la ciudad que nunca duerme, encontró trabajo en la restauración. Vio un rápido paralelismo entre la actuación en el escenario y el tipo de actuación que requería la alta hostelería. Erin lo entendió intuitivamente. Se dio cuenta de que el espacio en que los empleados tratan con los clientes era como un escenario. En el ballet, toda la compañía dedicaba meses a los ensayos. Cada pequeño detalle era importante. Lo mismo ocurre con las experiencias gastronómicas de primer nivel.

Erin aplicó su impulso de *performer*, su ética de trabajo y su compromiso con el oficio en un ámbito diferente, y ascendió rápidamente en el mundo de la restauración. Finalmente, se unió al equipo de Crafted Hospitality, el grupo de restaurantes fundado por el famoso chef y restaurador Tom Collichio.

Allí ayudó a construir y poner en marcha uno de sus emblemáticos restaurantes de alta cocina, en el que todos los elementos, desde la comida hasta la presentación, el entorno, la música, el servicio y el ambiente, se diseñaron como en una obra de teatro. Erin describe el proceso como la construcción de un decorado para un espectáculo, la contratación de un equipo entre bastidores y el *casting* de la recepción, para que no se limite a ofrecer comida, sino que cree momentos extraordinarios. Esta fue una gran preparación para el siguiente gran paso de Erin, tomar las riendas por completo con el lanzamiento de su propio local, *e's bar*, esta vez con un «decorado» construido en torno a la energía viva y ruda de los legendarios clubes del Lower East Side de los años setenta y ochenta, como CBGBs, The Mercury Lounge y Max's Kansas City.

Al entrar en *e's*, uno se da cuenta inmediatamente de que hay miles de pegatinas de bandas por todas partes, como si las hubieran puesto los clientes durante décadas. De hecho, durante años, muchas han sido pegadas por los clientes, pero Erin seleccionó, compró y colocó personalmente los aproximadamente mil originales para crear el telón de fondo adecuado del espectáculo comunitario que se desarrolla cada noche, con clientes habituales y recién llegados que se unen al abnegado elenco y al público. Y, por supuesto, a Erin, le sigue gustando no solo ser la dueña del lugar, sino también ser parte del elenco y desempeñar su papel con energía y experiencia.

La cantidad no importa

Uno de los malentendidos más comunes sobre los *performers* gira en torno al concepto de público, lo que es y lo que no lo es. Como hemos visto en la experiencia de Erin, el público puede existir en casi cualquier ámbito, no solo en las artes escénicas.

Pueden ser miles de personas en un teatro, docenas de comensales en un restaurante, amigos alrededor de una hoguera, colegas en una reunión o juerguistas en un bar. La cantidad no importa. Se trata de lo que ocurre entre quienes participan en el momento, la experiencia o la interacción. De hecho, incluso, es posible llevar a cabo el impulso de la actuación ante un público de una sola persona.

Scotty

Scotty Johnson (*performer*/líder) creció en Escocia. Su nombre de pila, de hecho, no es Scotty, pero su herencia y su acento hicieron que sus amigos empezaran a llamarle Scotty y, bueno, el resto es historia. Aunque le encanta estar en el escenario tocando su ukelele y contando historias, Scotty se gana la vida aprovechando su impulso de *performer* de una manera radicalmente diferente.

Durante años, ha llevado a grupos de personas, desde estudiantes de secundaria hasta equipos de liderazgo ejecutivo, a entornos naturales extremos, como el Círculo Polar Ártico, el desierto de Omán o la selva amazónica. Escoge los lugares no solo por su espectacularidad y su capacidad para provocar asombro, sino también porque empujan de forma orgánica el límite de la dimensión física y la emoción, que preparan el terreno para la conexión y la revelación. Una vez inmersos en el lugar, Scotty guía meticulosamente a sus aventureros a través de una serie de experiencias, interacciones, estímulos y conversaciones que acrecientan la confianza y conducen a la revelación, la vulnerabilidad y el autodescubrimiento.

Estas expediciones le permiten sacar a relucir su instinto de *performer*, pero fue un breve momento con un solo individuo el que mejor ilustra la expresión más pura de este instinto, junto con la oportunidad de aprovecharlo sin importar cuántos sean, pocos o muchos, los receptores. Scotty asesoraba al equipo directivo de una gran empresa. El director general era una persona poderosa e intimidante, con la que muchos luchaban por ser totalmente transparentes. Scotty vio cómo se desarrollaba esta dinámica, reconoció la tensión que provocaba y su posible impacto en la comunicación, la moral, la toma de decisiones y el rendimiento. Se preguntó cuál era la mejor manera de abordarlo, reflexionaba sobre cuáles serían los mejores escenarios. Finalmente, decidió invitar al director general a dar un paseo. Aunque no podía llevar al director general a un entorno extremo, podía crear una experiencia al aire libre que también implicara movimiento físico para añadir novedad y dramatismo, e interrumpir el patrón.

Al igual que los mejores artistas cuando salen al escenario en vivo en el teatro, Scotty siguió el mismo proceso mental que había empleado para prepararse para estar frente a un público. Caminando codo con codo cerca del Támesis, formuló una sencilla pregunta inicial que sabía que centraría rápidamente la atención del director general, sería provocativa, pero también se ofrecería dentro de un marco conmovedor de confianza e intimidad: «¿Cuál es tu experiencia al recibir y escuchar un *feedback* directo, honesto y constructivo?». A continuación, entró de lleno en el modo de actuación mientras guiaba la conversación hacia temas más difíciles, animando conceptos y revelaciones, atrayendo al director general hacia una experiencia de cocreación que cobró vida.

Las ideas, los conocimientos e incluso los comentarios más desafiantes entraron en la interacción de una manera que evitó el impulso de autodefensa que habría, y había, terminado la conversación cuando otros habían tratado de abordar temas similares. Scotty creó un contexto diferente y una sensación de poder y honestidad que generó apertura, energía y receptividad.

En lugar de estallar, el director general se transformó, de la misma manera que el público se transforma a través de la experiencia teatral honesta y relevante. Se sintió increíblemente agradecido y esa conversación dio lugar a una serie de cambios en el comportamiento que, luego, se extendieron hacia el equipo ejecutivo y, a su vez, hacia la organización. Este es el poder de un *performer* experto, que opera en un ámbito no tradicional. Para los *performers*, no se trata del tamaño de la audiencia, sino del efecto.

Hacen falta dos para bailar un tango: el poder de lo colectivo

Muy a menudo, el trabajo del *performer* es un trabajo de colaboración. Está la interacción con el público, ya sea una persona, docenas, cientos o miles. Si has ido a un concierto de Bruce Springsteen, sabes que esto es cierto. Los asistentes de las primeras filas, en el suelo, junto al escenario, llevan carteles con los nombres de las canciones. Bruce suele acercarse a la parte delantera del escenario, animando a la gente a que se los pase. Los mira y luego los apila para que se conviertan en la lista de canciones que se interpretarán en el espectáculo. A lo largo de las cuatro horas que dura la experiencia, te da la bienvenida a la música, igual que un amigo te da la bienvenida a su casa. No solo para escuchar, sino para moverte, corear, cerrar los ojos y desvanecerte en el momento con él y la siempre vivaz E Street Band. En cualquier momento, él te canta y tú le devuelves el canto. Tienes la experiencia de que Bruce y la banda no solo están en el mismo lugar que tú, sino que también flotan en el abrazo de una especie de espíritu compartido de unión y esperanza. Esa sensación de que estamos todos juntos compartiendo algo. Como parte de la experiencia, los miembros de la audiencia se convierten, en efecto, en cocreadores del espectáculo. En cada paso hay un intercambio que amplía o limita la experiencia.

Al mismo tiempo, los *performers* suelen colaborar de forma más estructurada con otros participantes designados oficialmente. Los actores, por ejemplo, trabajan con otros actores, músicos, directores y equipos. Los oradores colaboran con otros oradores, organizadores de reuniones, planificadores y equipos técnicos y escénicos. En las organizaciones, los líderes, los colegas, los facilitadores, los gerentes, los empleados y los compañeros de equipo suelen trabajar juntos, ya sea en la preparación o durante una presentación.

Una gran actuación es, casi siempre, un acto de cocreación o colaboración. Entender esto nos quita un poco de presión porque: «Oye, no se trata solo de ti». Se trata de la calidad de la interacción, el entorno, el contexto, la seguridad, la confianza y la apertura que permiten a todos los participantes entrar en el momento. No es solo un acto generativo, sino generoso. Estamos juntos en el momento. Lo creamos juntos. Nos levantamos juntos. Cuando esto ocurre, especialmente a gran escala, no hay nada parecido. Es trascendente.

¿CON QUÉ OBSTÁCULOS TE ENFRENTAS?

Todo *Sparketype* tiene su lado oscuro, sus desencadenantes y los lugares donde el trabajo y la vida tienden a desviarse. Los *performers* no son diferentes. Tanto si trabajan para dar vida y animar momentos y experiencias con otros o en solitario, como si lo hacen en un entorno de actuación más tradicional o en un lugar menos convencional surgen problemas similares. Cuando surgen los inconvenientes, no solo impiden que el *performer* haga su trabajo, sino que crean un nivel de asfixia y un sentimiento de inutilidad. En particular, los *performers* cuya expresión depende de la capacidad de «dejar salir algo», pueden sentir como si tuvieran una manta de plomo sobre su trabajo y su vida. Es importante identificar los obstáculos más comunes, para poder verlos venir y evitarlos. Cuando no puedas evitarlos, sabrás advertirlos y también que necesitas tomar medidas o pedir ayuda para volver al camino. Estos son los principales factores desencadenantes que la mayoría de los *performers* deben conocer, evitar y, si es necesario, reconvertir.

Asociación negativa

En ocasiones, cuando la gente descubre que su *Sparketype* es el de *performer*, se dirigen a mí para compartir lo poco que les gusta el término *performer*. Siempre pregunto por qué. La respuesta es universal: sienten que es ser «un falso». Y lo que es peor, piensan que una característica es exagerar el dramatismo para atraer una atención injustificada hacia uno mismo, desear una atención y unos elogios indebidos.

Para algunos, la palabra *actuación* puede denotar un acto que aparentemente se hace con buena intención, pero que en realidad está impulsado más por un deseo egoísta de ganar puntos a los ojos de algún grupo, comunidad o audiencia. Acciones impostadas, lo que comúnmente se llama hoy *postureo*. Postureo de activista. Postureo en las alianzas. Postureo en las redes sociales, en ciertos liderazgos. Postureo en hacer un sacrificio por los demás, en voluntariados. Creo que queda claro. Al asociarse la actuación con el postureo, los *performers* pueden verse tentados de alejarse no solo de la palabra, sino del trabajo. Esta no es la respuesta.

Todas estas percepciones, de hecho, pueden ser ciertas. Pero hay una verdad más profunda. Los *performers* más eficaces no son los que aumentan el dramatismo con el único propósito de gratificar su ego, ganar atención y provocar una reacción, ni los que viven de la apariencia. Por el contrario, son los que acrecientan la autenticidad, la integridad, la confianza y el oficio para animar una experiencia, un momento o una interacción de manera que los demás se sientan emocionados, confiados, conectados, transformados y, a veces, comprendidos, trascendidos, incluso, frente a una revelación. La intención es que la experiencia suceda más como un regalo que invita, conecta y eleva, que como una demanda de adulación o adoración.

Piensa en las representaciones teatrales en las que no solo te has distraído temporalmente de la vida o te has visto obligado a dedicar su tiempo a una experiencia poco sincera y autocomplaciente, sino en las que te has sentido cautivado, despierto y profundamente conmovido. Viola Davis en *Fences*. Robin Williams en *Good Will Hunting*. Awkwafina en *The Farewell*. Morgan Freeman en *The Shawshank Redemption*. Ben Platt en *Dear Evan Hanson*. O *Billy Porter en Kinky Boots*. Piensa en el discurso «I Have a Dream» de Martin Luther King Jr., en la charla TED de Jill Bolte Taylor, en el recitado de Maya Angelou «And Still I Rise».

Piensa en la famosa «Last Lecture» de Randy Pausch, o cómo la clase o conferencia o el profesor cuya capacidad para hacer que casi cualquier tema cobre vida transforma la experiencia de la transmisión memorística en un descubrimiento con pleno derecho. Mi profesor de ciencias de séptimo curso, el Sr. Katz, abría la clase cogiendo un arco de poleas y un desatascador de váter, corría al fondo del aula y disparaba el desatascador por encima de nuestras cabezas hacia la pizarra. Me encantaba la clase de ciencias de séptimo curso, no porque me gustara la ciencia, sino porque me encantaba cómo la ciencia cobraba vida.

Piensa en la comunidad mundial de narradores, desde el Amazonas hasta Katmandú y The Moth (organización sin fines de lucro dedicada al arte de contar historias), cuya simple presencia, voz y palabras te llevan de la risa al llanto y luego te dejan con un renovado sentido de esperanza y lucidez. Hace dos años, me senté en un teatro, codo a codo con una audiencia de quinientas personas en el encuentro mensual *Creative Mornings* en Nueva York. El fundador de SYPartners, Keith Yamashita, entró en la sala con una gracia silenciosa. Durante la siguiente hora y media, en medio de un paisaje sonoro cuidadosamente elegido, relató, a menudo sentado en su silla, la historia de sus luchas y revelaciones desde que sufrió un derrame cerebral un año antes.

Al final, quinientos desconocidos estaban sentados, tomados de la mano, muchos de nosotros sollozábamos de reconocimiento y gratitud.

Ahora, hazte una pregunta. ¿Miras con desdén a estas personas, sus actuaciones o la forma en que te hacen sentir y pensar en ti mismo y en el mundo? Lo dudo. De hecho, estos *performers* y sus actuaciones son venerados no solo por su habilidad, sino también por su autenticidad, su poder para abrir la mente y el corazón, y su generosidad, por cómo nos hacen sentir. Cuando hablamos del *Sparketype* del *performer* y del trabajo que realizan, nos referimos a esto.

Resulta que no es el trabajo del *performer* lo que lleva a la percepción errónea común de falsedad y egocentrismo, sino más bien las acciones e intenciones equivocadas de un *performer*, cuya búsqueda para expresar su impulso se ha desviado un poco.

Rigidez

Toda actuación es, inevitablemente, también un acto de co-creación. Es importante desarrollar el oficio y, luego, ensayar y prepararse a fondo, sea cual sea el ámbito. Parte de ese proceso consiste en anticipar las expectativas y las reacciones, para cultivar la energía y evocar la emoción, la confianza y la comprensión. El problema es que, cuando el *performer* entra en escena, la realidad casi nunca coincide con sus expectativas. Por eso, para los *performers*, la rigidez es la muerte. Para su público y para ellos.

Paul

Paul Sockett (*performer*/experto) lleva más de quince años trabajando como actor. Describe de forma maravillosa el equilibrio entre la fidelidad a una intención, un plan o un guion de origen y la necesidad de ser receptivo. Cuando asume un papel, efectivamente entra en el contexto de otra persona: su historia, sus personajes, su guion, su puesta en escena, su visión.

Se espera un cierto grado de fidelidad a esos elementos. Sin embargo, siente la responsabilidad de eliminar la rigidez de cualquier actuación, de cumplir con la visión del productor, al tiempo que examina constantemente a sus compañeros y al público para asegurarse de que la forma en que transmite su parte de la experiencia llega a ellos de una manera viva, que resuena en su público. Como cada noche es diferente, cambia su forma de actuar. Una gran parte de la actuación, según Paul, consiste en escuchar con la intención de crear algo que permita al público decir que sí a la hora de emprender el viaje con ellos.

Resulta que la verdadera magia se produce cuando te preparas intensamente y, luego, te dedicas al oficio a un nivel que te permite dejar de lado el guion, los temas de conversación o la agenda rígida, centrar tu conciencia en el exterior, en lugar de en el interior, y dar a los que te rodean lo que necesitan.

Falta de control

Los *performers*, especialmente a medida que desarrollan su oficio y sus instintos, a menudo, anhelan el control. No solo porque «tienen que ser ellos mismos», sino porque creen que pueden ver una forma mejor de dar vida a una experiencia, un momento, una interacción o un papel. No tener el poder de hacerlo, en su mente, perjudica a todos. La verdad puede estar en algún punto intermedio. Es posible que haya formas de añadir elementos, ideas y puntos de vista que puedan causar que la experiencia sea más vibrante, pero incluso el *performer* más experimentado no siempre tiene razón. En situaciones y entornos de actuación no tradicionales, como los entornos muy burocráticos, regulados o administrativos, puede haber muy buenas razones para restringir la actuación en nombre de la legalidad o la protección. Tu instinto de *performer*, desplegado en una negociación gubernamental de alto riesgo, puede aumentar la probabilidad de conseguir el sí, pero también puede llevarte a ti y a tu organización a enfrentar un problema normativo. Ten siempre cuidado con el contexto.

Busca la manera de alcanzar un mayor nivel de control y responsabilidad sobre la visión y el proceso. Al mismo tiempo, entiende que hacer algo sustancial puede requerir la participación de otros en el proceso. Aunque sus aportaciones pueden cuestionar o diferir de las tuyas, si te mantienes abierto a ellas, eres reflexivo y considerado, en lugar de reactivo, puede que te encuentres abierto a sus ideas y más capaz de crear un resultado que puede ser diferente de tu visión original, pero también mejor.

Cuida tu espacio mental

Los *performers* son particulares en el sentido de que su satisfacción se produce a través de una mezcla dinámica entre el hecho de estar fuertemente impulsados por el proceso/oficio y el de estar muy estimulados y nutridos por el servicio y la consagración, y todo lo que sucede en el medio. El compromiso obsesivo con cualquiera de los dos extremos puede conducir a un mundo de luchas internas. Centrarse por completo en el proceso puede conducir a la excelencia, pero también puede llevarnos a una espiral obsesiva, alimentada por niveles poco saludables de ensimismamiento, perfeccionismo, aislamiento y de juicios sobre nosotros mismos.

Por otro lado, centrarse de forma obsesiva en el público puede ser igual de perjudicial. Uno acaba buscando en las reacciones de los demás la aprobación y la validación no solo de sus capacidades, sino de su valor como ser humano. El proceso, el oficio y la expresión son importantes, al igual que el compromiso y la retroalimentación que te permiten medir la profundidad y el poder de tu trabajo para progresar. Pero centrarse de forma obsesiva en cualquiera de ellos puede conducir a resultados emocionales devastadores. Es una muy buena idea desarrollar prácticas diarias que te permitan experimentar la amabilidad, la honestidad, la autocompasión, la conciencia y la gratitud. Y comprende que tanto el proceso como el servicio desempeñarán un papel importante en tu capacidad para sentirte plenamente expresado y completamente vivo.

MUÉSTRAME EL DINERO

El trabajo del *performer*, al igual que el trabajo de muchos de los *Sparketypes*, suele tener lo que la mayoría consideraría una salida convencional y, luego, un universo de salidas no convencionales. Lo interesante aquí es que, mientras la mayoría de los otros *Sparketypes* encuentran el camino más fácil hacia una vida cómoda cuando eligen esas vías más convencionales, para la gran mayoría de los actores sucede lo contrario.

A diferencia de otros *Sparketypes*, como los científicos y los organizadores, que se sienten naturalmente atraídos por las carreras tradicionales, la gran mayoría de los *performers*, que expresan su impulso de la forma más convencional, a menudo a través de las artes escénicas, deben luchar para dedicarse a su oficio a tiempo completo y ganarse la vida cómodamente. Esto no quiere decir que no sea posible. Lo es, pero el porcentaje de artistas que son capaces de hacerlo a tiempo completo y ganarse la vida de forma consistente y confortable tiende a palidecer en comparación con el porcentaje de los otros *Sparketypes* que se ganan la vida de forma confortable y segura a través de las opciones más convencionales que tienen a su disposición.

Dicho esto, no todo está perdido, ya que el impulso y las habilidades de los *performers* son increíblemente valiosos, demandados y, a menudo, muy bien compensados cuando encuentran una salida en la gama exponencialmente mayor de oportunidades no convencionales. Los *performers* que desempeñan funciones de desarrollo empresarial o de ventas pueden crear y animar una interacción o una presentación de una manera que conduzca a resultados excepcionales y a una compensación sustancial. Los conferenciantes, los animadores, entre otros, encuentran innumerables oportunidades para dar impulso a su trabajo de forma que se sientan vivos y se traduzcan en ingresos. Este impulso y esta habilidad, de hecho, son raros e increíblemente diferenciadores en el mundo de los negocios.

También es posible que, como muchos, encuentres una mezcla profundamente significativa de salidas no convencionales, mezcladas con las convencionales e, incluso, con otras vocaciones que te permiten aprovechar el impulso sin esperar otra compensación que el sentimiento que te produce. Hemos visto ejemplos de todo esto en las historias anteriores. En el capítulo «Impulsa tu trabajo» encontrarás más información al respecto.

Tu trabajo consiste en encontrar el punto justo que te da lo que necesitas.

EL
MAESTRO
Tú, en pocas palabras

ESLOGAN
Despierto la comprensión.

Impulso motivador

Para los maestros, esclarecer a los demás es su vocación. Viven para compartir sus ideas, conocimientos y experiencias con los demás, de manera que se sientan mejor, más sabios y más equipados para experimentar la vida de forma diferente, y quizás los haga querer aprender más.

Si bien es cierto que un aspecto del trabajo que te hace revivir se centra en el proceso, sueles encontrar tu máxima expresión y obtienes tu mayor recompensa cuando te centras en el impacto que provocas en aquellos a los que tratas de esclarecer y educar. Rara vez te basta con conocer bien el tema o dominar el oficio. Para ti, ponerte delante de una sala o escribir un libro, dar una charla o producir un pódcast no es suficiente para que logres sentir que has hecho lo que estás destinado a hacer. Los maestros quieren saber que lo que comparten realmente llega de una manera que se entiende, se integra y se materializa. Cuando ves que las luces del entendimiento se encienden en los rostros de los demás, es mágico. Pero, para ti, no basta con transmitir la información, quieres que lo que enseñas se «entienda» de verdad. La comprensión, la integración y el entendimiento es el objetivo final y lo que te permite completar el ciclo de esclarecimiento.

Cuando trabajas de una manera que te permite pasar la mayor cantidad de tiempo inmerso en el proceso de enseñar y compartir la sabiduría, te sientes más vivo. Cuando el conjunto de conocimientos que enseñas y las personas a las que intentas impactar son un reflejo de los temas y las comunidades, las visiones, los intereses, las ideas, los valores y el proceso por el que te sientes intrínsecamente convocado, te sientes vivo. Cuando tienes control sobre el proceso, las herramientas, los recursos y la visión, te iluminas. Y, lo que es más importante, cuando ves que las luces de la comprensión se encienden en las mentes de aquellos a los que enseñas, cobras vida.

El maestro es también uno de los *Sparketypes* que suele aparecer de forma central no solo en la vida profesional, sino en todos los aspectos de la vida: con los amigos, con la familia y prácticamente con cualquier persona. El impulso de esclarecer la comprensión no puede contenerse.

Elaine

Elaine Montilla (maestra/experta) es maestra y siempre lo ha sido, en todos los ámbitos de su vida. De hecho, durante años, su familia la ha llamado «predicadora», porque cada vez que aprende algo, inmediatamente se da la vuelta y le cuenta a todo el que quiera escuchar lo que ha descubierto. Sus amigos le preguntan a menudo qué título o certificación está terminando, porque saben que Elaine tiene un hambre insaciable de conocimiento. Sin embargo, para ella no se trata solo de saber.

Su impulso devorador de sabiduría está en gran medida al servicio de lo que va a hacer con lo que aprende. Si su *Sparketype* primario fuera el de creadora, probablemente aprovecharía su cuerpo de conocimientos cada vez más amplios para crear a un nivel superior. Un científico aprovecharía los conocimientos para resolver con mayor eficacia los enigmas y los problemas.

Durante años, Elaine nunca pudo entender realmente por qué le gustaba tanto leer y aprender y tampoco por qué nunca parecía ser suficiente. Con el descubrimiento de su pareja de *Sparketypes* complementarios maestra/experta, todo cobró sentido. Aprende para brindar conocimientos y comprensión a otros.

En su vida personal, reunía a sus amigas para conversar sobre la «superalma». «Siempre es una broma —comparte—, porque me encanta escuchar sus dificultades y utilizar los conocimientos que tengo para compartir con ellas ideas y ayudarlas a ver que la vida es mucho más hermosa de lo que sus mentes les quieren hacer creer». Ese mismo impulso de maestra, que la motiva a enseñar, esclarecer y educar la ha llevado a hablar en público y a defender a las mujeres y las minorías en el sector tecnológico. Como alta ejecutiva y principal líder tecnológica en el Graduate Center, City University of New York, Elaine comparte habitualmente ideas y posibilidades con su equipo de directores de tecnologías de la información. A partir de su enfoque de la inclusión de la diversidad en la tecnología y más allá, fundó 5Xminority, una organización con la misión de hacer que los espacios de trabajo sean más inclusivos, a través del liderazgo, la educación y la tutoría.

«Me siento viva —dice Elaine— cuando estoy en el escenario o cuando respondo a preguntas que sé que ayudarán a otras latinas a tener éxito en la tecnología, como yo, y sé que la maestra que hay en mí me está guiando».

Aprender, compartir

La historia de Elaine toca otro punto en común entre los maestros. Antes de poder compartir, hay que tener algo que valga la pena compartir. Esto lleva a muchos maestros a abrazar un camino de aprendizaje feroz. Y, cuando aprenden, a menudo adquieren un tono diferente. Cuando eres un maestro, toda tu forma de ver el mundo es diferente, aunque no te des cuenta. Porque, para ti, el aprendizaje no es solo una curiosidad, no se trata solo de la fascinación (aunque eso puede ser una parte, especialmente si tu chispa colaboradora es la de experto). Casi siempre hay algo más grande.

Dan

Una vez al mes, durante más de una década, he quedado con Dan Lerner (maestro/asesor) para desayunar. Somos solo dos viejos amigos que preparan salmón, panecillos y huevos, café negro, té de jazmín y unas rodajas de tomate extra, por si acaso. Nuestros pedidos nunca cambian.

Durante este tiempo, he aprendido que Dan devora la información, pero de una manera diferente a la mía y, honestamente, diferente a la de la mayoría de las personas que conozco, que no lo hacen para compartir. Dan busca el conocimiento, en gran medida, con la intención de integrar partes dispares y compartirlas como ideas coherentes como profesional, orador y consultor, pero también como padre, socio y amigo. Eso le hace plantear preguntas diferentes, ver los hechos a través de una lente distinta e indagar sobre casi todas las suposiciones.

Después de una década como agente de música clásica, y luego de años persiguiendo el campo de la excelencia y la experiencia, y el *coaching* de rendimiento, Dan comenzó a asistir a la Universidad de Pensilvania, donde cursó un máster en psicología positiva aplicada (MAPP, por su sigla en inglés). No se limitó a asistir al programa MAPP, sino que lo devoró, y se involucró con los profesores durante las clases. Quería conocer todos los aspectos de sus ideas, sus investigaciones, sus aplicaciones y sus preguntas. No tenía miedo de desafiar, pero no de una manera acusadora, sino más bien como una auténtica búsqueda de la verdad. No solo se planteaba sus propias preguntas, sino también las de los alumnos a los que aún no sabía que tendría, y a los que quería poder dar respuestas.

La sabiduría de Dan no tardó en encontrar una salida y su impulso de maestro ocupó el centro de la escena. Al graduarse, lo invitaron a convertirse en ayudante de cátedra. La chispa de maestro empezó a brillar. A los pocos años, él y un colega comenzaron a impartir una nueva clase en la Universidad de Nueva York sobre la ciencia de la felicidad. Al entrar en el aula, ese primer día, Dan supo que tendría que compartir y defender sus ideas ante una sala con algunos de los estudiantes más brillantes del mundo. En pocos minutos, quedó claro que estaba en su elemento. Se sintió vivo de una forma en la que no le sucedía cuando el foco de atención era el aprendizaje o el entrenamiento. No es de extrañar que esa clase se convirtiera rápidamente en la asignatura optativa más requerida de la Universidad de Nueva York, con más de seiscientas personas por semestre y una lista de espera perpetua.

Para la mayoría de los maestros como Dan, no es suficiente con cubrir lo básico. Su impulso de maestro alimenta una búsqueda no solo de información, sino de profundidad y matices a un nivel que apoya su inevitable deseo de volverse y decir: «Esto es lo que sé; espero que ayude».

Lo suficiente para ser peligroso

Curiosamente, el impulso de compartir a veces llega a ser tan fuerte que puede llevar a los maestros principiantes a tomar las riendas de la enseñanza antes de estar completamente preparados. Cuando se es joven y no hay mucho en juego, esto puede ser una forma dulce y divertida de experimentar con el impulso. A medida que se avanza en el trabajo y en la vida, y las apuestas aumentan, las cosas pueden complicarse, incluso ser peligrosas.

Christy

Christy Witt Hoffman (maestra/organizadora), actualmente consultora y estratega empresarial muy solicitada, todos los días solía volver a casa del jardín de infantes, buscar a su hermana pequeña y enseñarle todo lo que había aprendido. Cuando su hermana fue a la escuela, se presentó como una pequeña sabia. Ya llevaba dos años asistiendo a la «Academia Christy». Nadie le pidió a Christy que hiciera esto; simplemente era algo que no podía dejar de hacer. Desde que tiene uso de razón, en cuanto sabe algo, Christy se da la vuelta y lo enseña. Sin embargo, ese mismo impulso la condujo a enfrentar ciertos obstáculos en los primeros días de su carrera como consultora. «Antes de poder interiorizarlo... Tal vez incluso antes de saber que tienes la información, quieres compartirla, pero no sabes qué va a aportar o qué otra información debe acompañar a la primera para que sea valiosa».

Esto puede llevar al clásico escenario de explosión y retirada, en el que expulsas con entusiasmo en una reunión, en una clase o en una conversación todo lo que has aprendido y, cuando llegan las preguntas, no tienes respuestas. Cuando lo que está en juego es poco, no importa tanto. De hecho, esa misma experiencia puede ser una oportunidad humillante, pero enormemente valiosa para crecer. Sin embargo, cuando lo que está en juego es más importante, también crece el potencial de daño.

Christy, en lugar de sentirse abatida o de cuestionar su impulso de compartir, se dio cuenta de que la solución era incrementar el proceso de descubrimiento y dominio del conocimiento a un nivel que se ajustara a su impulso de compartirlo. Al igual que Dan, gran parte de esa revelación fue aprender a hacer preguntas diferentes. Una vez que el motor de «tener algo que compartir» se ajustó a su impulso de compartir, se volvió imparable, Christy ascendió rápidamente por casi cualquier escalón que eligiera y, finalmente, lanzó su propia organización y empresa de consultoría, en la que puede elegir qué enseñar, qué luces encender y cómo hacerlo.

Los maestros que hacen el trabajo de sincronizar el ritmo y la profundidad del aprendizaje con su impulso de enseñar, a menudo son muy buscados, porque, cuando comparten su conocimiento, todo el mundo sabe que valdrá la pena escucharlos. Adquieren la capacidad de andar efectivamente encendiendo interruptores de luz humanos todo el día, mientras que los que los rodean están a la vez agradecidos y preguntándose qué acaba de pasar.

Un maestro, incluso con otro nombre, sigue siendo un maestro

Ser un maestro, por cierto, no significa necesariamente que te llames a ti mismo *maestro* o incluso *profesor*, o que trabajes en un campo en el que sea una parte claramente articulada de la descripción de tu trabajo. Los maestros existen y, en un entorno abierto y de apoyo, pueden prosperar y ser valorados de forma creíble en casi cualquier entorno, desde la crianza de los hijos hasta la enseñanza, pasando por la innovación empresarial, el liderazgo, la administración, la oratoria, la escritura, la actuación, la producción y mucho más. Puedes hacer el trabajo del maestro de forma individual o entre miles de personas, cara a cara o a distancia. Puedes utilizar el vehículo de tu voz, tu cuerpo y tu presencia en una sala, un bolígrafo y un papel, un teclado, un vídeo, un audio o realmente cualquier mecanismo o canal disponible. No importa el modo de compromiso o expresión, para el maestro se trata de la capacidad de transmitir ideas, herramientas, sabiduría e información de forma que ayude a los demás. Se trata de encender las luces de la comprensión. De esclarecer.

Sheila

Conseguir el papel principal en la obra de teatro de su instituto fue un acontecimiento para Sheila Devi (maestra/*performer*), de doce años. «Actuar —pensó—. Esta será mi vida». Durante años, lo fue. Rechazó Harvard para estudiar teatro en el Ithaca College, donde profundizó en el oficio y, luego, al graduarse, siguió la carrera de actriz. Pero algo en ella anhelaba más. Sheila se mudó a Chicago, actuaba un poco mientras realizaba diversos trabajos. En un momento dado, hasta incursionó una temporada en el mundo de las artes culinarias, cocinando y haciendo *catering*. Consiguió un puesto en la hostelería, tuvo mucho éxito y ascendió en el escalafón, pero, de nuevo, no conseguía lo que necesitaba. Su impulso de maestra seguía en gran medida sofocado. Por esa misma época, Sheila se topó con el mundo del *coaching*. «Quiero ayudar a la gente a que aprenda a ser buena consigo misma —pensó—. Esto suena muy bien». A través de la lente de su *Sparketype*, reflexionó: «Lo que yo quería decir en realidad era: "Quiero enseñar a la gente cómo ser buena consigo misma"».

Rápidamente sobresalió, encontró su camino como *coach* de vida y de ejecutivos, trabaja con profesionales que están «rockeando sus carreras, pero al final de su ancho de banda».

Era como un torrente incesante de oportunidades para esclarecer y educar.

Es posible que pienses: «*Coaching*, claro, pero ¿no debería ser su *Sparketype* el de asesor?». Para algunos, lo es. Pero, como hemos visto, casi cualquier tipo de chispa puede encontrar la manera de asumir el liderazgo en casi cualquier función, carrera o industria. Para Sheila, el *coaching* se convirtió en un vehículo para compartir habilidades, prácticas y marcos de trabajo, y para ofrecer observaciones y perspectivas de manera íntima.

Cuando pensamos en el proceso de facilitar la comprensión, a menudo nos imaginamos a una persona o a un grupo de personas que comparten lo que saben con los demás. Sin embargo, ese no es el único camino. El proceso de compartir y transferir conocimientos puede adoptar muchas formas diferentes, desde la instrucción de persona a persona hasta la creación de experiencias, medios o incluso objetos físicos que sirvan al propósito mayor del conocimiento.

Sky

El impulso de Sky Banyes (maestra/asesora) apareció de una manera muy diferente. Sky trabaja como científica postdoctoral en el campo de la física. Dada su formación, sus credenciales y su trabajo, se podría pensar que su impulso encontraría una salida convencional en el campo de la educación. En cierto modo, lo hace. Pero también ha encontrado una salida inesperada, aunque notablemente gratificante, en un ámbito que nunca esperó ni vio venir. Años después de empezar su carrera, Sky se encontró con dificultades y, a instancias de su terapeuta, recurrió al arte como forma de procesar sus emociones. Empezó a dibujar sus emociones y su día a día y, luego, comenzó a compartir sus ilustraciones en las redes sociales. A la gente le encantaron. Animada, Sky pasó más tiempo haciendo arte. «Mis ilustraciones —comentó

Sky— han sido un medio no solo para traducir creativamente mis descubrimientos de lo etéreo a lo tangible, sino para compartirlos con la esperanza de una comprensión genuina compartida». Para alguien que vive y respira el método científico, a menudo en entornos muy académicos, la ilustración se ha convertido en una poderosa forma de canalizar el impulso de maestra y hablar directamente de las experiencias, los corazones, las mentes y las emociones de un público mundial en rápido crecimiento, que levanta alegre y colectivamente sus manos para recibir sus ofertas casi a diario en el ámbito digital (@skybanyes).

¿CON QUÉ OBSTÁCULOS TE ENFRENTAS?

Los maestros, como todos los *Sparketypes*, están sujetos a ciertos desafíos, luchas y detonantes bastante comunes. Cuando te enfrentas a estas circunstancias, puedes encontrarte en una espiral de oscuridad o ser incapaz de expresarte a un nivel que te permita llegar a una vida plena. Comprender de antemano los posibles obstáculos puede ayudarte a estar atento y a sortearlos mejor, si se presentan. Si te encuentras en medio de una de estas experiencias desencadenantes, es importante saber que no estás solo y que, con paciencia y reflexión, puedes encontrar el camino de vuelta a un lugar más vivo y pleno. Estas son algunas de las experiencias más comunes a las que hay que prestar atención.

Falta de control

Los maestros pueden sentirse a veces asfixiados por la necesidad de trabajar en sistemas que limitan su capacidad de enseñar de la manera que saben que son capaces de hacer y que creen que sería de gran utilidad. Lo vemos a menudo en la educación pública o en instituciones y organizaciones en las que compartir el conocimiento es fundamental, incluso central para la misión, pero un discreto orden jerárquico limita el poder y el control hasta que se ha estado en el sistema el tiempo suficiente como para haber abandonado efectivamente la esperanza de transformación. Las escuelas, los hospitales, las fundaciones y las corporaciones corren el riesgo de caer en este paradigma cerrado. No es raro que haya una burocracia muy arraigada que impida la innovación, el cambio y el progreso, y que haya muy poco espacio individual o capacidad para efectuar el cambio durante años, si es que lo hay.

La verdad es que nadie está contento con esta situación, desde los ejecutivos y administradores hasta los que tienen la responsabilidad esencial de informar y educar. A los maestros, que viven y respiran por su impulso de enseñar, les puede resultar terriblemente difícil sobrevivir en esta dinámica, por no hablar de prosperar en ella. Esto es especialmente cierto para los maestros cuya chispa colaboradora está fuertemente orientada al servicio, como el tutor o el defensor. Por eso, muchos maestros se encuentran ante una difícil elección. Mantener el rumbo y esperar que, cuando hayan acumulado el control y el poder, aún tengan la fortaleza para luchar y la organización se haya vuelto más propensa al cambio, o crear sus propios canales y mecanismos fuera de los límites de las organizaciones tradicionales, donde ellos definen las reglas del juego. Muchos adoptan este último enfoque y acaban sirviendo a la misma comunidad, pero con más libertad de la que permitiría un enfoque de dentro hacia fuera.

Bernadette

De pequeña, Bernadette Johnson (maestra/experta) era la niña a la que todos los demás niños acudían cuando buscaban respuestas. Estaba obsesionada con el aprendizaje, pero en sus inicios, su naturaleza más introvertida le impedía ocupar su lugar de maestra de forma más pública. Al pasar por el instituto y luego por la universidad, empezó a dar clases particulares a sus compañeros, mientras terminaba su carrera en Administración de empresas.

Después de graduarse, Bernadette se adentró en el mundo empresarial y pasó casi quince años en el área de desarrollo de talento y rendimiento, y allí llegó a ocupar puestos de liderazgo. Tenía grandes logros y había acumulado cierto poder; aún más, llegó a ser un actor central en el desarrollo de la cultura de la organización. Sin embargo, cada vez más anhelaba un mayor nivel de control sobre la naturaleza del trabajo y de los interesados con los que trabajaba, y sobre la forma en que asumía el proceso de enseñanza.

El cambio a una nueva organización le dio la capacidad de facilitar de una manera que estaba más alineada con lo que ella era y lo que buscaba enseñar. Al mismo tiempo, empezó a crear su propia organización de consultoría, Inspired Action Motivates, lo que le permitió ser muy selectiva y centrarse en un tipo de facilitación de liderazgo específica que puso en marcha su impulso de maestra. Podía crear la dinámica que sabía que servía mejor a los demás y que le permitía sentirse más plena.

Si eres un maestro que se siente asfixiado por una falta de control o, incluso, por una institución o conjunto de valores, reglas o restricciones que no te permiten hacer lo que estás destinado a hacer, considera lo siguiente:

- Evalúa el margen de libertad, los recursos y el control que tienes para probar cosas, en aras de desbloquear un nivel más alto de iluminación que te permita enseñar a los demás y obtener más de aquello que necesitas.
- Trabaja, conforme avanza el tiempo, para llegar a un lugar en el que hayas demostrado tu habilidad y te hayas

ganado la confianza necesaria para probar cosas nuevas, y solicitar recursos con el fin de implementar cambios que conduzcan a una transferencia y encarnación más efectiva de tu visión.

- Explora la posibilidad de un proyecto *skunkworks* (proyecto innovador desarrollado por un grupo reducido) en el que solicites invertir una pequeña cantidad de tiempo y recursos para probar nuevas ideas.

- Si nada de lo anterior te ayuda, considera la posibilidad de realizar un cambio para buscar una oportunidad que te permita expresar más plenamente tu impulso de maestro o intenta generar una alternativa propia.

Agotamiento

Dado que los maestros suelen centrarse más en el servicio externo, pueden encontrarse con una sobredemanda y agotarse física, psicológica y emocionalmente. El riesgo aumenta cuando el sistema en el que trabajas es exigente o lo consume todo. También este tipo de trabajo requiere que dediques una gran cantidad de tiempo tanto al proceso de enseñanza como a la gestión de muchos factores externos, lo que suele agravar la sensación de agotamiento.

Puede que seas capaz de mantener este patrón durante un tiempo, pero siempre vuelve a perseguirte. Cuando tus reservas de vitalidad y de conexión se agotan, no solo se bloquean tu felicidad y tu bienestar, sino que también te impiden trabajar a un nivel que te permita expresar plenamente tu *Sparketype* y tu potencial. Este es un patrón común a muchos maestros que trabajan en campos y entornos con pocos recursos.

En 2001 fundé un centro de yoga en la ciudad de Nueva York. En el camino, trabajé con un equipo mucho más capaz que yo, con el que construimos un instituto de formación de profesores y certificamos a cientos de profesores de todo el mundo. Con el tiempo, empezamos a ver cómo surgía un patrón. Una vez que los profesores empezaban a enseñar, comenzaban a dejar de lado sus prácticas personales. Cuanto más ocupados estaban, menos se dedicaban a las cosas que les daban la visión, la energía, el bienestar, la ecuanimidad y la experiencia para ser profesores eficaces. Todo era flujo de salida y nada de entrada. Y a menudo acababan agotados hasta un nivel en el que ya no podían enseñar con eficacia.

Para contrarrestarlo, empezamos a compartir este fenómeno en nuestros programas de formación para aumentar la concientización y, luego, instituimos lo que llamamos un requisito mínimo de práctica diaria, o MDP (por sus siglas en inglés), compuesto por una combinación de asanas (posturas y movimiento), meditación y trabajo de respiración que no duraría más de quince minutos.

Si eres un maestro, sé consciente de este drenaje potencial en tu capacidad de dar. Comprométete a llenar tus reservas en el camino, y si no lo haces por cuidarte a ti mismo, entonces hazlo para ser tan efectivo como sea posible en tu capacidad de brindar conocimientos. Si has hecho todo lo posible para optimizar tu bienestar y las circunstancias en las que enseñas, y aun así te sientes vacío, puede que quieras explorar un enfoque diferente para expresar tu impulso de maestro.

La espiral de la pérdida de la autoestima

Mientras que, para algunos maestros, el impulso de compartir va más allá de la profundidad de su sabiduría, para otros, lo contrario se convierte en un gran obstáculo. La sensación de no saber nunca lo suficiente, de no ser nunca lo suficientemente bueno en el arte y la habilidad transmitir conocimientos, o de exigirse a sí mismo la experticia o la perfección absolutas puede impedirles actuar y cumplir su anhelo primordial de enseñar y compartir. Si te encuentras repitiendo alguna variación de «no sé lo suficiente, no estoy preparado, no será perfecto, podría hacer daño», es posible que hayas caído en la espiral de pérdida de la autoestima propia del maestro.

La cuestión es la siguiente. Si tu estándar para saber lo suficiente y ser lo suficientemente bueno para enseñar es la sabiduría absoluta y el dominio absoluto sobre cada aspecto del tema que quieres compartir, nunca alcanzarás ese estándar imposible.

En ciertos ámbitos, sobre todo cuando lo que está en juego es muy importante, tiene sentido saber todo lo posible antes de compartir lo que se sabe. Si estás formando a neurocirujanos, más vale que seas un experto en la materia. Lo que está en juego es la vida y la muerte. Pero la realidad es que, incluso en las áreas de mayor riesgo, como la medicina, las relaciones internacionales y las finanzas, el universo de la sabiduría y la habilidad no tiene fin. De hecho, es seguro que, dentro de diez años, gran parte de lo que incluso el maestro más inteligente y consumado sabe que es verdad, se demostrará que es falso o quedará obsoleto. En algún momento, es importante averiguar cuál es el primer paso más accesible y, luego, darlo. Sé concienzudo, pero también deja de lado los requisitos previos ilógicos y poco razonables, y empieza a hacer lo que más te aterra. Los grandes maestros enseñan. No nacen, se forjan. No puedes ser un maestro eficaz si no te permites el espacio y la gracia para acomodar tu propio proceso de crecimiento. Esta es la base sobre la que tantos maestros se lanzan a encender las luces de los demás. Pero cuando se trata de ellos, a veces puede ser una experiencia menos indulgente.

Como maestro, tienes que conocer la diferencia entre lo que la investigadora Carol Dweck describe como una mentalidad fija y una mentalidad de crecimiento y, a menudo, ayuda a cultivar esta última en sus alumnos. Estas mismas ideas se aplican no solo a los estudiantes, sino también a los maestros. Los grandes maestros no son excelentes porque hayan estudiado cómo serlo. Lo son porque enseñan y utilizan su enseñanza como su propio laboratorio viviente para aprender y mejorar. Es la propia práctica de la enseñanza la que más fácilmente revela no solo tus puntos ciegos, sino también tus mayores oportunidades de aprendizaje y crecimiento. Si quieres sentir que estás preparado para enseñar, entonces enseña.

MUÉSTRAME EL DINERO

Expresado de determinadas maneras y en determinados entornos, tu *Sparketype* de maestro puede ser muy valorado y recompensado. También es importante tener en cuenta que muchos maestros no quieren realmente expresar su impulso en un entorno tradicional que gire en torno a la enseñanza convencional, ni deben sentir resquemores en torno al deseo de buscar otras salidas que consideren bien alineadas y que puedan proporcionar un camino hacia una mejor compensación económica. Las habilidades y capacidades del maestro —el deseo y la capacidad de esclarecer, de encender las luces de la consciencia, la comprensión y el entendimiento— son siempre necesarias en una gran variedad de industrias, organizaciones y campos.

Los vendedores que son excelentes para explicar las características, los beneficios, los puntos de diferenciación y las razones por las que lo que ofrecen son exactamente lo que se necesita, tienden a generar altos niveles de ventas, son bien remunerados y también son apreciados por los clientes que encuentran soluciones a sus problemas y, a menudo, se van con conocimientos más profundos.

Los maestros que ocupan puestos de liderazgo y gestión suelen aprovechar su impulso no solo para inspirar y motivar, sino también para transferir conocimientos e información y encender la luz de la comprensión, cultivando el conocimiento, la autonomía y la competencia, junto con una mayor capacidad para obtener resultados de forma más independiente. Esto suele conducir a un aumento del rendimiento, el compromiso y la retención, que se refleja en las oportunidades, la demanda y la compensación.

Los profesionales de la salud mental y de la asistencia sanitaria, impulsados por su chispa primaria de maestros, suelen dejar a sus pacientes y clientes en una mejor posición para comprender no solo la naturaleza de sus problemas, sino también las herramientas, técnicas y prácticas que pueden ayudarlos, junto con una clara comprensión de cómo y cuándo hacer uso de cada una de ellas. Un médico dijo una vez que no consideraba que una cita con un paciente fuera satisfactoria, a menos que el paciente pudiera recitar la esencia de la conversación y el protocolo necesario para recuperar el bienestar. Este enfoque puede conducir a mejores resultados clínicos, así como a clientes y pacientes más informados y seguros de sí mismos, y a una reputación que genera una fuerte demanda de servicios. Los consultores, cuya chispa primaria es la de maestros, no solo guían a los clientes a través de un proceso de crecimiento y realización, sino que también trabajan para garantizar que sus clientes conozcan las bases subyacentes de las recomendaciones y los pasos de actuación, de modo que sean más autosuficientes, capaces de tomar decisiones y de prosperar de forma independiente una vez finalizado el compromiso. Esto conduce a altos niveles de éxito y demanda, a menudo acompañada de mayores niveles de compensación.

Los vendedores de una tienda gurmet que tienen vocación de maestros y dan de probar sus productos a la vez que describen las diferencias de cada oferta con pasión y claridad, señalando los detalles, el origen, para qué es mejor cada uno de ellos, y cómo pueden saborearse mejor en el paladar de un cliente, no solo comparten datos divertidos y perspicaces que hacen que los clientes se sientan comprometidos y formados, sino que también es probable que acaben vendiendo muchos más productos y dando a sus clientes razones para volver.

Los padres que guían a partir de su impulso de maestros y comparten lo que saben, les brindan a sus hijos el regalo de la sabiduría y los componentes básicos de la comprensión, la confianza en sí mismos y la posibilidad de actuar. Las recompensas, aunque no sean monetarias, llegan de mil maneras más. Ver a tus hijos florecer en un nivel totalmente diferente, verlos volverse más conocedores e independientes es, como se suele decir, algo que no tiene precio.

Y, por supuesto, muchos maestros encuentran a menudo salidas más directas y convencionales, desde la facilitación y la formación hasta las charlas, la tutoría y la enseñanza en entornos académicos tradicionales. En cada una de estas áreas, el impulso, expresado con habilidad, experiencia y pasión, puede convertirse en la fuente de una compensación excepcional. Dicho esto, también es importante reconocer que muchos maestros encuentran su vocación, pero también grandes dificultades en lo que suele ser la expresión menos compensada (y menos justa) del impulso: los entornos de enseñanza tradicionales. La desafortunada verdad es que las escuelas se encuentran entre los lugares que más valoran a los maestros, pero que menos los compensan.

Si tu vocación te lleva a esos entornos o estudiantes, especialmente al servicio de las comunidades desatendidas, es algo maravilloso. A muchos maestros les sucede. Desgraciadamente, una parte bastante común de ese acuerdo es la renuncia a los ingresos y al control en nombre de la capacidad de servir más directamente a aquellos a los que tu vocación te lleva a ayudar. La promesa de los veranos libres, la titularidad y la pensión solían ayudar, pero cada vez más estas tres cosas se han ido desvaneciendo, lo cual es una de las razones por las que muchos maestros han empezado a buscar empleo en otros ámbitos en los que, aunque no sean ámbitos centrales para este tipo de actividad, el trabajo y la expresión del impulso se recompensan a un nivel mucho más tolerable.

En la última década, la tecnología, las aplicaciones y las plataformas en línea, como TeachersPayTeachers.com, han facilitado a los profesores la tarea de expresar sus conocimientos en todo tipo de materiales, desde vídeos, audios y otros medios de enseñanza hasta planes de lecciones que pueden ser adquiridos por los colegas y utilizados en sus aulas. Otros profesores han encontrado formas de acceder a las aulas virtuales y a las plataformas de videocursos para compartir sus conocimientos a gran escala, lo que hace que su experiencia esté más disponible y sea más accesible, a la vez que les permite ganarse la vida de forma más sostenible.

El gran mensaje es que, aunque el modelo tradicional de servicio y remuneración de los profesores en las aulas sigue vivo, hay un universo en constante expansión de oportunidades para aprovechar el impulso de maestro en diferentes ámbitos y formas creativas que permiten obtener un nivel de compensación con el que puedas tanto sentirte pleno como ganar lo que necesitas si estás dispuesto a ser creativo y a buscar fuera de las restricciones tradicionales.

EL
LÍDER
Tú, en pocas palabras

ESLOGAN
Reúno y guío a la gente.

Impulso motivador

Hay, y siempre ha habido, un anhelo en los líderes que los lleva a reunir a la gente, organizarla, aprovechar su energía colectiva, asumir responsabilidades, tomar decisiones y guiarla hacia alguna forma de búsqueda, experiencia, misión o aventura significativa, divertida o desafiante (a veces las tres cosas). Para ti, no es solo una habilidad, una posición o un título de líder u organizador de la comunidad, es un impulso profundo en el ADN. Es el trabajo para el que estás destinado, incluso cuando es personal, social y divertido.

Puede que lo expreses a través de una conexión más profunda con un sector, campo, grupo o comunidad específicos. Puedes encontrar una salida en casa, con los amigos o la familia. Algunos líderes se apegan a un enfoque de un área particular, misión o búsqueda durante largos períodos. Tal vez capitanees un equipo para ganar una carrera, un partido o una temporada, o para alcanzar una cumbre. Tal vez dirijas un cuerpo de profesores para aumentar las tasas de graduación, o un equipo para inventar y lanzar un nuevo producto, servicio o empresa.

Tampoco es inusual que tu enfoque o búsqueda cambie con el tiempo, especialmente una vez que has llevado a otros a lo que percibes como el pináculo a donde todos son capaces de ir en ese contexto específico. En ese momento, sigues conectado para reunir y liderar, pero es hora de redirigir tus energías a un nuevo punto A, y a un nuevo conjunto de búsquedas mientras conduces a la gente al punto B y más allá. La temporada de fútbol puede haber terminado; has capitaneado el equipo que ganó el campeonato. Eso no significa que tu impulso de líder entre en hibernación. Significa que cambia de dominio y encuentra nuevos caminos para expresarse. Los líderes suelen mostrar su impulso a una edad temprana. Son los que reúnen a sus hermanos o amigos para planear una aventura, una celebración o una misión secreta, incluso si son los más jóvenes. Se los puede encontrar reuniendo a sus amigos en el patio de recreo, formando equipos, liderando la carga y, no pocas veces (o todas ellas con éxito), diciendo a la gente dónde ir, qué hacer y cómo. Si eres un líder, es muy probable que te llamen «mandón» a una edad temprana, aunque al mismo tiempo no hubiera habido tanta aventura, diversión y acción en tu vida, y en la vida de todos, si no estuvieras.

Aunque el impulso del líder de reunir y liderar tiene un cierto elemento de proceso —hay metodologías, habilidades y prácticas que pueden dominarse en el camino—, la llamada más fuerte y la fuente de satisfacción suele estar en aspectos relacionados con el servicio de la misión. Cuando la búsqueda hacia la que diriges a la gente es un verdadero reflejo de tu visión, tus ideas únicas, tu lente, tus valores y tus habilidades, y tienes el control sobre el proceso, los recursos y la visión, te sientes pleno.

Es importante señalar que los líderes también pueden sentirse muy satisfechos, aunque el objetivo, la búsqueda o el resultado hacia el que trabajan nunca se materialice. Unirse a otros y trabajar hacia un objetivo específico es motivador. Aun si no se alcanza el objetivo establecido, la oportunidad de reunir a la gente, de congregarla en torno a la causa y de guiarla en su consecución es lo que da sentido al propósito, al significado, a la expresión, al rendimiento y a la fluidez.

Ser un líder requiere a menudo una cierta ferocidad benévola, constructiva y consciente. No de forma violenta. No de forma intrépida. No de forma despiadada, controladora o dominante. Los líderes pueden ser ferozmente justos. Pueden ser ferozmente curiosos. Ferozmente convencidos o ágiles. Ferozmente colaboradores. Ferozmente vulnerables y abiertos. O bien, ferozmente cariñosos. Los líderes no son indecisos. Debe haber una cierta devoción feroz por las personas y el camino para poder realizar el trabajo profundamente gratificante, aunque a veces difícil, de reunir y liderar. No se trata de dominación, fuerza u orden jerárquico, sino más bien de la voluntad de mantenerse en un lugar de convicción y apoyo duraderos, incluso cuando las cosas se ponen difíciles, lo que suele ocurrir cuando los riesgos aumentan.

Linda

Desde que era una niña, a pesar de ser la más joven de su familia, Linda Blair (líder/asesora) siempre ha sido la que reunía a todos en los encuentros y en las vacaciones familiares. En la escuela, era buena deportista y a menudo capitaneaba los equipos. Descubrir cómo reunir a la gente, hacer que den lo mejor de sí mismos y trabajar por un objetivo común le daba energía.

La hacía revivir. Lo mismo con los amigos. Siempre es ella la que se encarga de organizar viajes, o aventuras y salidas de fin de semana. Incluso si otra persona toma la iniciativa, siempre le preguntan si puede ayudar.

Al comienzo de su carrera, Linda trabajó como enfermera, principalmente con pacientes de cáncer. Abordaba el cuidado de cada paciente como un esfuerzo de equipo, en el que lo que estaba en juego era a menudo de vida o muerte. Su impulso de líder ocupó el centro del escenario, reunía a la gente, coordinaba y se aseguraba de que todos los miembros del equipo de atención, desde los médicos y las enfermeras hasta los trabajadores sociales y la familia, estuvieran compenetrados y trabajaran hacia un objetivo armonizado. Su chispa colaboradora de asesora ayudó en el esfuerzo, ya que Linda trabajaba con cada persona para compartir ideas, responder preguntas y darles lo que necesitaban para ser participantes activos en el cuidado del paciente.

A partir de su experiencia en el sector sanitario y de su profundo deseo de servir a la gente en un contexto más amplio, Linda finalmente abandonó la enfermería para dedicarse a la consultoría. Desde afuera, mirando hacia dentro, esto puede parecer una dirección muy diferente, pero desde dentro, mirando hacia afuera, simplemente su impulso de líder encontró un nuevo canal de expresión, profundamente significativo para ella.

En sus primeros días en Deloitte Canadá, Linda lideró una iniciativa de transformación de la industria sanitaria a gran escala, diseñada para que los proveedores pudieran acceder más rápidamente a la información y, así, establecer un puente. Dirigía su nuevo equipo en Deloitte y, al mismo tiempo, realizaba un trabajo que mejoraba la atención al paciente, pero a gran escala. Una vez más, reunió a un equipo dispar de personas para hacer realidad algo extraordinario. Recurrió a su chispa colaboradora de asesora para aconsejar a los individuos a lo largo del camino, no solo para ayudarlos a prosperar, sino también para equipar a todos para lograr una visión más amplia.

Al ascender al puesto de Directora de Experiencias y convertirse en miembro del equipo de liderazgo ejecutivo de Deloitte Canada, parte de su trabajo requiere no solo colaborar con los miembros de su equipo inmediato, sino también trasladar las visiones, el espíritu y las etapas a toda la organización para crear un efecto dominó de liderazgo que inspire a todos a unirse a la consecución del objetivo. Es la integración perfecta de su *Sparketype* con miles de personas diversas, es una posición que desafía su impulso de líder en el mejor de los sentidos, al tiempo que le ofrece un sinfín de oportunidades para expresarlo.

Para los líderes, suele ser algo personal

Aunque el impulso del líder, que lo lleva a reunir y liderar, puede encontrar una gran cantidad de oportunidades y dominios para desarrollarse, a menudo, aparece en áreas de interés, vocación o afiliación que son profundamente personales. Muchos líderes comienzan como miembros de un grupo o comunidad que se enfrenta a un desafío particular. Acaban realizando su propio Viaje del Héroe, como hace tanta gente. Para el líder, sin embargo, el viaje es solo un instrumento. No basta con haber emprendido su propia aventura y haber encontrado su camino, sino que se siente impulsado a reunir a otros —todos los que experimentan desafíos o anhelos similares— y llevarlos a un viaje similar de descubrimiento, aventura y despertar. De hecho, la alegría de satisfacer su propio deseo a menudo palidece en comparación con la sensación de llevar a otros a un viaje similar.

Lisa

Lisa Wade (líder/creadora) ha trabajado en el sector financiero durante la mayor parte de su carrera, en la que se centraba en la inversión de impacto. La motiva trabajar con los mercados y el dinero de una manera que marque una verdadera diferencia en la vida de las personas y en el mundo. Su ascenso a puestos de liderazgo en el sector, le ha dado la oportunidad de guiar a la gente con el impulso de su visión. Pero fue su experiencia en la superposición entre la cultura y el negocio de las finanzas, y otra área profundamente personal de su vida, lo que la llevó a un poderoso despertar en relación con el papel que juega su *Sparketype* de líder.

Lisa ha sido una defensora de la comunidad LGBTQIA+ y miembro de ella, pero nunca se vio a sí misma como una luchadora o líder. Al descubrir su *Sparketype*, algo se desbloqueó. «Me reconcilié con mi vida —compartió—, y me di cuenta de que lo que realmente me interesaba era mi trabajo con el colectivo LGBTQIA+, donde me había convertido en líder de mi entidad bancaria y dirigía la red, inspirando y liderando a los demás». Empezó a explorar por qué esa experiencia significaba tanto para ella, y se dio cuenta de que quería invertir su energía en formas que estuvieran completamente al servicio de las generaciones más jóvenes, para que pudieran tener un camino más fácil, más herramientas y conocimientos, y una mayor comprensión y recursos en sus carreras financieras.

Todo lo que hacía era en nombre de la organización y la reunión de aquellos que podrían experimentar un sentido de alteridad en este ámbito, ayudaba a construir la confianza y luego trabajaban juntos para encontrar un lugar más confortable. Su camino comenzó con su viaje personal, pero se extendió rápidamente a otros miembros de la comunidad LGBTQIA+ dentro del mundo de las finanzas. Ese despertar, junto con el descubrimiento de su *Sparketype*, la llevó a tratar de crear experiencias similares en otras partes de la vida. «Es bastante mágico cuando lo consigo —dijo—. Soy la líder/creadora que construye grandes cosas, como asociaciones para LGBTQIA+ en mi banco, programas de tutoría para los miembros de la comunidad LGBTQIA+. Y en la inversión de impacto». Plena expresión, plena integración, plena motivación. Y todo comenzó con su propia experiencia y su despertar.

Dimple

La fundadora de Roots in the Clouds, Dimple Dhabali (líder/ asesora), compartió un despertar similar, aunque en un contexto radicalmente diferente. Tiene la misión de «devolver la dimensión humana al trabajo humanitario». Cuando trabajaba en una agencia federal con refugiados y solicitantes de asilo, su primera misión la encontró en África Oriental. Allí debía entrevistar a refugiados para su reasentamiento. A lo largo de los años, ese viaje se convertiría en muchos más, ya que ayudó a desarrollar políticas y entrevistó a solicitantes de asilo en Estados Unidos y a refugiados de muchos países diferentes.

El trabajo fue intenso y profundamente gratificante, pero también fue psicológicamente traumático. Una experiencia concreta en Zambia, en la que entrevistó a solicitantes congoleños, sobrevivientes del genocidio ruandés de 1994 y a burundeses en situación prolongada de refugiados (personas que habían nacido en campos de refugiados y posteriormente habían sido atacados), le hizo ver la brutalidad de la guerra. Comenzó a experimentar un trauma indirecto, tenía pesadillas, revivía horribles circunstancias en su cabeza. Mientras investigaba cómo procesar lo que estaba viviendo, empezó a darse cuenta de que no estaba sola.

Una gran comunidad mundial de trabajadores humanitarios de campo (aquellos que trabajan sobre el terreno) sufría un trauma similar, con efectos devastadores. Se sintió llamada a ayudar, así que puso en marcha Roots in the Clouds, una iniciativa diseñada para reunir a los trabajadores de campo, formar una comunidad, dotarlos de las herramientas necesarias para prosperar frente a un trabajo sostenido, a menudo brutalmente duro y traumatizante, y llevarlos a un lugar de mayor resiliencia y facilidad. Su experiencia personal también la impulsó a liderar una nueva iniciativa en su trabajo gubernamental. Creó un programa interno de resiliencia y *mindfulness*. Aunque no es un requisito que los líderes surjan de las comunidades a las que finalmente quieren servir desde un lugar de empatía y experiencia compartida, es una historia común. Cuando esto ocurre, la combinación de un impulso plenamente expresado con una conexión profundamente personal con la comunidad y la causa hacen que la vocación sea mucho más fuerte y la recompensa mucho más relevante y significativa.

Introvertidos, extrovertidos, todos son bienvenidos

Si todo esto suena muy «frontal y central», puede que te preguntes si todos los líderes son unos grandes extrovertidos. Muchos lo son y se deleitan con la naturaleza pública de la organización y el liderazgo. Muchos otros no lo son. Uno de los grandes mitos de los líderes (y de los defensores) es la imagen del individuo ruidoso, frontal, blandiendo la espada, con voluntad de acero y que rinde culto a su personalidad, que enfrenta con valentía todo tipo de demonios y trampas, y que, luego, guía a los demás.

Las historias de personas que manifiestan este tipo de personalidad tienden a dominar el paisaje de las leyendas de los líderes, tanto en las películas y los libros como en las noticias diarias y las redes sociales. Estas historias son divertidas de contar; las personalidades pintorescas de sus protagonistas atraen a la gente: conflictos, acción, emoción, riesgo y aventura. También se basan en una idea errónea y desafortunada, culturalmente extendida: la noción de que ser directo, extrovertido y liderar desde el frente es la única manera de reunir y liderar.

Esto no solo es un error, sino que es perjudicial. Los líderes más tranquilos e introvertidos, que no necesitan ser el centro de atención, sino que preferirían no serlo, sienten la misma llamada a reunir a la gente, a crear consenso y a dirigirla desde un lugar menos expuesto y conversacional. Establecer la expectativa de que los líderes deben expresar este impulso de una manera frontal y extrovertida reprime y sofoca a los líderes introvertidos. Les impide aportar su increíble energía, su esfuerzo, sus conocimientos y sus dones a las personas, los grupos, las comunidades y las organizaciones a las que habrían servido con mucho gusto, si no fuera porque no quieren hacerlo de la forma en que la cultura espera que lo hagan. Entonces, la vergüenza se suma al peso de la represión por haber elegido la inacción o la acción silenciosa en lugar de las expectativas culturalmente apropiadas, pero personalmente desgarradoras.

Hace unos años, tuve la oportunidad de pasar un tiempo conversando con la madre de Sir Richard Branson, Eve. A punto de cumplir noventa años, Eve rebosaba de historias, ideas, energía y planes. Quería ser una de las primeras pasajeras en explorar el espacio exterior en una de las naves Virgin Galactic de Richard. Estaba claro de quién había heredado Richard su sentido de la aventura.

En los últimos cuarenta años, Richard se ha convertido en uno de los rostros más conocidos del mundo de los negocios, la innovación, la asunción de riesgos y el liderazgo. Ha puesto en marcha más de cien empresas, empleado a decenas de miles de personas en todo el mundo y transformado todo, desde la música y los medios de comunicación hasta los viajes, la sanidad, las comunicaciones y otros ámbitos. Es, en todo el sentido de la palabra, un icono y un líder. Y es introvertido.

Eve me contó que, cuando era pequeño, Richard era tan dolorosamente introvertido que un día lo metió en el coche, lo llevó a unos kilómetros de casa y lo dejó para que encontrara el camino de vuelta. Eve esperaba que Richard se viera obligado a hablar con la gente para saber cómo volver. Para ella, no era socialmente aceptable ser tímido. Había que saber desenvolverse con la gente y hacerla sentir bien. A lo largo de los años, Richard ha aprendido a funcionar en modo extrovertido, pero ese nunca ha sido su modo interno, como detalló en un artículo de 2016 escrito por Will Heilpern en la revista *Inc*. Al aprender cómo combinar la habilidad de la extroversión situacional aprendida con su introversión innata, Richard desarrolló un estilo único de liderazgo, que le ha permitido convertirse en uno de los más eficaces y convocantes líderes de seres humanos, fundador de empresas, generador de aventuras e impacto que el planeta haya visto jamás.

Si sientes que tu vocación te lleva a reunir a la gente y, de diversas maneras, trabajar para llevarla desde donde está ahora a un lugar mejor, más agradable, más poderoso, vivo o elevado, no permitas que las expectativas de otros, sobre el posicionamiento social adecuado necesario para que eso ocurra, limiten tu impulso. Haz lo que estás destinado a hacer, de la manera que has venido a hacerlo. Si alguien te dice que eso no es correcto, debes saber que lo que realmente está diciendo es: «Yo lo haría de otra manera». Bien, déjalos. Hazlo tú. Lidera desde lo que eres, no desde lo que crees que tienes que ser para hacerlo bien.

Servicio, no dominio

Pam Slim (líder/asesora) es una de las personas más genuinas, amables, abiertas, honestas, justas, sabias y decentes que puedas conocer. Toda la vida ha reclutado gente y catalizado la acción colectiva. Pam es también la fundadora de K'é, «un espacio físico en el centro de Mesa, Arizona, que alberga el *The Main Street Learning Lab*, un espacio de desarrollo de liderazgo basado en la comunidad, que apoya y fortalece el trabajo de diversos empresarios, especialmente los empresarios de color y sus aliados». La palabra *K'é* es una palabra *diné* (navajo) que se traduce aproximadamente como *sistema de parentesco*, o el sentimiento de estar profundamente conectado con una comunidad. Pam se sintió atraída por este nombre, porque se refería a lo que quería crear y también reflejaba la cultura de su marido y sus hijos, y el papel central que desempeña en su familia y su vida. Aunque Pam ha dedicado gran parte de su vida a la defensa de los derechos, su verdadero superpoder y su impulso más profundo, es construir una comunidad intencional y guiar a sus miembros hacia resultados constructivos y equitativos de una manera fundamentada, altamente colaborativa, pero inmensamente poderosa y alimentada por el respeto. Pam tiene un gran sentido de su papel en relación con toda comunidad a la que ayuda a desarrollarse, especialmente cuando se trata de un poder relativo. En lugar de estar al frente y en el centro, su enfoque para reunir y liderar está más centrado en crear el espacio, ofrecer la invitación y, luego, apoyar a los miembros de la comunidad a medida que se convierten en líderes y trabajan para obtener resultados concretos.

Para ella, el liderazgo consiste en tener el valor de decir lo que hay que decir y crear modelos que sean útiles, que ayuden a la gente y, sobre todo, que no causen daño ni perpetúen modelos de dominación. «Mi trabajo consiste en aumentar tu capacidad de liderazgo para que seas mejor, más fuerte y más capaz en lo que haces —dijo—. Para que confíes en tu propio juicio, para que tengas más discernimiento, y no para que sigas ciegamente lo que yo diga». Según la experiencia de Pam, organizar y liderar nunca consiste en posicionarse como más fuerte, mejor, más sabio o más poderoso, sino en ayudar a las personas a desarrollar su propia capacidad de liderazgo, apoyándolas en lo que se pueda y luego quitándose de en medio.

Esta es una idea importante. Parte de la mitología a menudo hipermasculina, extrovertida y agresiva en torno al liderazgo viene acompañada de una cierta expectativa en torno a la suposición de superioridad y dominio. Alude —o directamente exige— que dirijas desde un pedestal, asumiendo que eres mejor, más inteligente, más poderoso o capaz que aquellos a los que quieres reunir y liderar. Aunque esto puede «funcionar» como un mecanismo a corto plazo para impulsar la acción, rápidamente se derrumba bajo el peso de la falta de respeto, la represión, la privación de derechos, la desafección e, inevitablemente, el desprecio. No solo es ineficaz, sino que es destructivo para quienes pretendes liderar, para la comunidad, para la visión y para la cultura de terceros en general, que bien podrían haberse beneficiado de un enfoque más ecuánime, de humildad y dignidad, impulsado por el servicio. Y, para ti, porque te impide ser capaz de hacer eficazmente aquello que tienes que hacer.

El liderazgo impulsado por la dominación es, en gran medida, una manifestación disfuncional del súper ego desenfrenado. El verdadero liderazgo, según Pam, se centra en el otro, no en el líder. Sin embargo, hay una cualidad clave de los líderes que habla de una fuerza necesaria, aunque de forma diferente.

La vulnerabilidad es una virtud

La primera vez que conocí al capitán de navío retirado y comandante de submarinos nucleares de ataque rápido David Marquet fue en 2012, como invitado del Good Life Project. Contó una historia un tanto aterradora. Marquet había servido en la Armada durante muchos años y, finalmente, se ganó la oportunidad de comandar un submarino. Estudió y se preparó con ahínco para saber todo lo que podía sobre la nave y la tripulación que iba a dirigir. Quería hacer el mejor trabajo posible. En el último momento, fue reasignado y se le comunicó que asumiría el mando del USS *Santa Fe*, un submarino nuclear que le resultaba en gran medida desconocido, con una tripulación que había tenido problemas de moral y que presentaba la mayor tasa de bajas de toda la flota. No conocía la nave ni estaba preparado para hacerse cargo de una tripulación en tan malas condiciones. Sin embargo, era su cargo, así que asumió el papel y tomó el control, o eso creía.

Un día, mientras David discutía un problema técnico en la sala del sonar, tuvo que decir literalmente: «No lo sé». David se dio cuenta de que el problema no era que sus órdenes fueran erróneas, sino que era él quien las daba. Sabía que no conocía el submarino y quería que la tripulación opinara, pero ordenarles que fueran proactivos y tomaran la iniciativa no tenía ningún efecto mientras él siguiera diciéndoles lo que tenían que hacer. Solo cuando David dejó de hablar, sintieron que podían opinar.

En ese momento, David se dio cuenta de que algo tenía que cambiar. En lugar de fingir que lo sabía todo y dar órdenes incuestionables, decidió entrar en un lugar de vulnerabilidad. Reconoció que su tripulación conocía el barco mejor que él y tenía más experiencia y capacidad para dirigirlo, y les dio el poder de compartir su sabiduría y expresar sus intenciones. Ese acto de vulnerabilidad supuso un momento de profunda integridad y cambió inmediatamente la dinámica. Reavivó un sentimiento de respeto y pertenencia a todos los niveles, y permitió que la tripulación se sintiera tenida en cuenta y valorada, a la vez que respondía a la invitación de añadir valor a una experiencia de liderazgo más colaborativa. El compromiso, el rendimiento, la moral y la permanencia se dispararon, lo que causó que el *Santa Fe* obtuviera calificaciones extraordinarias. La experiencia también tuvo un tremendo efecto dominó, que llevó a muchos de los oficiales del *Santa Fe* a comandar sus propios submarinos.

Resulta que la vulnerabilidad es una de las herramientas más poderosas del líder. No se trata de delegar completamente la toma de decisiones, la orientación de la dirección y la adopción de medidas a la voluntad de la comunidad. Eso, como todos sabemos, puede ser desastroso e ineficaz. Simplemente significa asumir las limitaciones de tu conocimiento y experiencia, y reconocer el valor de las contribuciones de otros en el proceso de reunir, decidir, desarrollar, liderar y ascender.

El poder de la chispa colaboradora

Aunque todas las parejas de *Sparketypes* comparten una relación especial, a menudo la chispa colaboradora está al servicio de hacer mejor el trabajo de la chispa primaria, en el caso de los líderes frecuentemente es la chispa colaboradora la que les informa sobre la manera en la que eligen liderar. Por ejemplo, un líder/tutor parece una combinación un poco extraña de entrada.

De hecho, es increíblemente poderosa. Para los líderes/tutores, el impulso de reunir y liderar se «operativiza» muy a menudo a través del impulso de la chispa colaboradora que los lleva a ver, reconocer, sentir, cuidar y esclarecer a los demás. De hecho, los líderes que tienen la capacidad de recurrir a estas capacidades de cuidar y guiar suelen crear comunidades, equipos y organizaciones asombrosamente comprometidos. Fíjate, por cierto, que no he dicho «aprovechar estas capacidades de cuidar y guiar». Cuando hablamos de los *Sparketypes*, nos referimos a una capacidad que puede requerir mucho trabajo, pero que te llena, en lugar de una habilidad que se puede aprender, pero que te vacía en lugar de recargarte de energía.

Del mismo modo, un líder/maestro puede confiar en el impulso de ayudar a comprender, compartir ideas y enseñar como aspecto principal del liderazgo. Los líderes/científicos pueden centrarse en resolver con maestría todos los problemas complejos que inevitablemente se presentan en el camino del liderazgo, para facilitar el camino a los que se unen a ellos. Los líderes/organizadores pueden apoyarse en su amor por crear orden a partir del caos, desarrollando sistemas y procesos como forma de reunir a las personas y llevarlas al resultado deseado de la forma más eficiente y eficaz posible. Ya se entiende. Sí, estas relaciones existen en los diez *Sparketypes* y en los cien emparejamientos posibles entre la chispa primaria y la colaboradora. En el caso de los líderes, el trabajo de la chispa colaboradora suele indicar el modo de liderazgo.

¿CON QUÉ OBSTÁCULOS TE ENFRENTAS?

Como todo *Sparketype*, los líderes están sujetos a ciertos desafíos, luchas y situaciones que desencadenan que se enfrenten con obstáculos. Comprender estos posibles obstáculos, saber identificarlos y cultivar la capacidad de verlos venir antes de que se presenten, te ayudará a evitarlos de manera más eficaz. Este conocimiento también te permite responder de forma más coherente si te encuentras en medio de uno de estos momentos, que suelen ser difíciles, pero también ofrecen oportunidades de crecimiento. He aquí algunas de las «invitaciones a reconsiderar una acción más constructiva» más habituales.

«Razonitis»

La confianza es generalmente algo bueno, pero para los líderes puede ser un arma de doble filo. Los líderes suelen creer que tienen razón. Mucho. Esto puede manifestarse constructivamente como fuerza y convicción ante el desafío. Puede manifestarse como la capacidad de confiar en tu punto de vista, de creer en tus suposiciones y visiones, y de guiar a otros a través de situaciones difíciles que nadie más ve o en las que nadie cree. Cuando se tiene razón y se está dispuesto a mantener la visión el tiempo suficiente para que los esfuerzos de aquellos a los que se dirige demuestren su potencial, el impacto puede ser transformador. El problema es que ese mismo instinto puede deslizarse fácilmente de las buenas intenciones a la preservación del ego, de la posibilidad al engaño. Puede aparecer de forma destructiva como un apego ardiente y tenaz a un punto de vista erróneo o a la creencia en el potencial, incluso mucho después de que las suposiciones y la visión que han sostenido el esfuerzo hayan sido refutadas.

La diferencia entre estas dos expresiones decisivas se reduce a menudo a esas dos piedras de toque de la esencia de los líderes, la apertura y la vulnerabilidad. Mantente siempre abierto a la verdad y en busca de ella, acepta equivocarte y la invitación a cambiar de rumbo. Hazte cargo de las decisiones y de todo lo que conllevan. Puede que tú —junto con los que pretendías guiar— no llegues al lugar que esperabas, pero al menos aterrizarás en el lugar en el que estás con tu dignidad y su confianza intactas.

Decisión y dirección en comité

Los líderes suelen odiar los comités, a menos que los dirijan y tengan la última palabra. Es cierto que las decisiones tomadas en comité suelen ser una agonía para muchas personas, pero para los líderes con un fuerte sentido de identidad ligado a una idea o ideal específico de cómo debería ser el proceso y el resultado, verse obstaculizados o ver diluida su visión por la aportación de otros puede ser frustrante. Esto es especialmente cierto cuando lo que está en juego es la inacción, y el tiempo dedicado a la conversación y la negociación aumenta el potencial de daño y las complicaciones.

Al mismo tiempo, organizar y liderar eficazmente a alguien para que vaya a algún sitio que merezca la pena no suele hacerse en solitario. No solo es importante compartir el esfuerzo de liderazgo dentro de un equipo de colíderes, sino que también es una gran idea tener un conjunto de asesores de confianza a los que recurrir fuera de tus colegas (más sobre este tema en breve).

Eso no significa que los líderes deban someter cada decisión importante al proceso democrático o a la votación de un comité. La concesión no es lo mismo que la inclusión, la integración y la consideración reflexiva. Los líderes pueden seguir siendo fuertes y decisivos, y también considerar la visión y la aportación de otros que han demostrado el valor potencial de su contribución. Si eres un líder, ábrete a la posibilidad de que, aunque tus colegas tengan que ganarse tu confianza, también pueden convertirse en increíbles aliados y facilitadores, incluso en maestros y mentores, cuando creas el espacio para que participen en la experiencia de liderazgo y aceptas la posibilidad de no saberlo todo.

Ni adelante ni encima, al lado

Dado que los líderes están en posición de transformar no solo los sistemas de creencias de aquellos a los que dirigen, sino también las vidas, el trabajo y la comprensión de las posibilidades, la autoestima y el impacto de aquellos que puedan venir, corren el riesgo de ser vistos como si estuvieran, de alguna manera, «por encima» de aquellos a los que dirigen. Algunos podrían incluso disfrutar de la sensación de poder, prestigio y oportunidad que crea esta percepción, y fomentarla ellos mismos. Llevado al extremo, esto puede llevar a un pequeño complejo. Uno se cree la falsa idea de que tiene una habilidad única, un don o la capacidad de hacer por los demás lo que nadie más puede hacer. No eres solo un líder, sino un salvador.

Esto puede ser problemático en dos niveles. Para el líder, puede conducir a la arrogancia, el narcisismo y la grandilocuencia. Puede nublar tu juicio, hacerte sentir invencible, y llevarte a tomar decisiones equivocadas, injustas o perjudiciales, que te ponen a ti y a los que diriges en peligro. También puede sentar las bases para una dinámica de poder oportunista y potencialmente injusta y dar lugar al abuso.

Estar orgulloso de lograr cosas difíciles y celebrar esas victorias con tus colegas y la comunidad es algo estupendo. Celébralo. Comparte el viaje y los logros. Pero recuerda siempre que, al fin y al cabo, los líderes guían como una expresión de vocación y servicio. El impulso no consiste en colocarse por encima o por delante de los demás, sino en ver y mantener una visión, y luego hacer que los demás —a menudo miembros de una comunidad a la que también perteneces— se unan en la búsqueda de un fin común. Piensa con humildad y compañerismo, no con arrogancia y para dominar.

Cuando el impulso supera la capacidad

Al igual que en el caso de los maestros y los asesores, el impulso de reunir y liderar suele ser tan fuerte, y tan evidente desde el principio, que supera la habilidad y la experiencia necesarias para ser eficaz. El esfuerzo y la destreza necesarios para reunir a la gente en nombre de una búsqueda, a menudo palidecen en comparación con la sabiduría, la experiencia y la destreza necesarias para hacerse camino por las complejas dinámicas sociales, de poder e interpersonales, que frecuentemente surgen en la búsqueda de un objetivo significativo, especialmente uno que lleva tiempo alcanzar.

Los jóvenes líderes pueden encontrarse con la oportunidad de asumir un papel de organización y liderazgo, no porque estén preparados, sino porque están dispuestos (especialmente cuando las aguas del esfuerzo son traicioneras y nadie más quiere hacer el trabajo). Puede que digan que sí, entusiasmados por dar rienda suelta al impulso de líder que llevan dentro y demostrar de lo que son capaces. Por un lado, a menudo estas experiencias «que te superan» son las que te hacen crecer y te preparan para ser un líder más eficaz. Por otro lado, es importante seguir explorando dónde se cruzan la capacidad, el deseo, lo que está en juego, el riesgo de daño y la oportunidad. Recuerda que, cuando eres un líder, no se trata solo de ti o de tu crecimiento personal o tu reputación, lo que está en juego es cada persona a la que buscas servir, reunir y liderar. Antes de decir que sí, tómate un momento para considerar qué es lo que está en juego, de quién es lo que está en juego, y si estás preparado para hacerte cargo, para que no acabes diciendo que sí a algo que probablemente termine en una calamidad.

Un camino solitario: construye tu consejo asesor

Angie Cole (líder/científica) ha sido una persona que reunía a sus amigos para ir de aventuras desde que tenía cinco años en el patio de recreo. Reunir a la gente y guiarla en búsquedas, cruzadas y viajes no era algo tan consciente, sino que era su forma de ser. Cuando descubrió por primera vez que su *Sparketype* primario era el de líder, no quería que lo fuera. Sonaba demasiado atrevido, demasiado solitario. Le daba miedo y se resistía a ello, aunque en el fondo sabía que la descripción encajaba perfectamente con ella. ¿De dónde venía la resistencia?

«Ser un líder natural conlleva una sensación de «otredad», de aislamiento y de soledad —afirmó—. Puede ser difícil encontrar y mantener a los verdaderos compañeros, específicamente a los compañeros líderes que pueden y están dispuestos a colaborar». La corazonada de Angie habla de un fenómeno común entre los líderes. Reunirse y liderar puede ser increíblemente satisfactorio y unificador, pero también puede provocar un gran aislamiento. Dirigir es difícil. Hacerse camino a través las relaciones es difícil. Gestionar las emociones, la logística, los sueños, los deseos, las esperanzas y los miedos, las explosiones internas y los momentos de expectación que inevitablemente se cruzan en tu camino puede ser duro. Los líderes a menudo se enfrentan a altos niveles de incertidumbre y a grandes riesgos, a circunstancias que cambian constantemente, a frágiles dinámicas sociales, políticas y de poder y, lo que es igualmente desafiante, pero menos reconocido, a su propio cambio interior.

Resulta apropiado y saludable compartir algo de esto entre colegas, colaboradores y compañeros de equipos de liderazgo, a veces, incluso, en el marco del grupo o de la comunidad. Como hemos visto, la vulnerabilidad y la honestidad son rasgos poderosos que deben encarnar los líderes. Pero, no todo siempre, y no todo el tiempo. Algunas de las pruebas y desafíos se relacionarán con los miembros de los grupos y comunidades que buscan liderar, o aun con sus compañeros líderes. También existe una fina línea entre expresar la vulnerabilidad y perder la confianza de aquellos a los que lideras. Por esta razón, los líderes no siempre pueden acudir a esas mismas personas en busca de compañerismo, conmiseración, orientación y resolución, a pesar de que los respetas y quieres lo mejor para ellos.

Raro es el líder que es capaz de ir solo. No es imposible, puede ser un proceso desafiante y gratificante durante un tiempo, pero también convertirse en uno que te aísle demasiado, que no te ayude ni a ti ni a los que pretendes liderar. Angie sabía que, para ella, la respuesta era encontrar una manera de reunirse y liderar, pero sin tener que hacerlo sola. Contar con una persona o un grupo externo al que acudir —una especie de consejo asesor de líderes— puede ser una fuente de conocimiento y apoyo, además de servir como válvula de escape neutral para lo que a veces parece una tormenta de liderazgo. Eso es exactamente lo que creó Angie y fue transformador. Tómate el tiempo de encontrar a tu gente. Puede que no todos sean líderes. Tal vez sean asesores o tutores o maestros o científicos. Cada uno de ellos aporta un valor, pero el beneficio de estar en una comunidad con otros líderes que lideran no contigo, sino junto a ti, quiere decir que compartes una experiencia común, hablas un lenguaje común, y es posible apoyarse unos a otros de diversas maneras.

MUÉSTRAME EL DINERO

Aunque muchas personas pueden aprender la habilidad de reunir y liderar y hacerlo muy bien, para los líderes, el impulso es primario. Es probable que hayas actuado y perfeccionado el lado de la habilidad, sin siquiera darte cuenta, desde que eras un niño. Los líderes en funciones e industrias convencionales suelen ser muy solicitados y excepcionalmente bien pagados. Son vistos como aquellos que hacen que las cosas sucedan y a menudo sostienen sus esfuerzos incluso ante las dificultades. Se los demanda por sus habilidades y su claridad de objetivos, pero también porque reúnen y lideran, no solo porque es su trabajo, sino porque es una expresión pura de lo que son y de lo que hacen. La mera existencia de ese impulso primario a menudo los sostiene allí donde otros, alimentados más por la obligación y la habilidad, caen o se alejan.

En las empresas, esta característica puede llevar a desempeñar funciones de dirección y liderazgo. Este tipo de líderes son capaces de subir con facilidad los peldaños de la escalera centrada en el liderazgo y de las aspiraciones que tantos quieren subir, encontrar nuevas oportunidades y mayor valor y compensación en el trayecto. Aunque este impulso y este conjunto de habilidades se valoran mucho en casi todos los ámbitos, industrias y actividades, puede que no estén tan bien considerados en ámbitos no empresariales. En el mundo de las empresas sociales, las causas, las fundaciones, el trabajo de ayuda o la organización de la comunidad, siempre hay demanda de líderes fuertes, aunque el trabajo no siempre le dará lo que quiere o necesita financieramente.

Cuando te sientas convocado a expresar tu impulso en uno de esos dominios, puedes intentar crear un canal alternativo para reunir y liderar que integre lo mejor de ambos mundos.

Esto es habitual en las corporaciones «con propósito». También puedes explorar un camino combinado en el que expresas parte de tu impulso de líder en un campo que te compensa bien, pero que puede no estar totalmente alineado con tu visión y, luego, asignas el resto de tu disponibilidad e impulso de líder para servir a una persona, comunidad, actividad o campo en el que la compensación es menor o, incluso, no forma parte de la ecuación. Encontrarás más información sobre este tema en el capítulo «Impulsa tu trabajo».

Lo importante es saber que el trabajo que se te encomienda, a nivel de ADN, es de vital importancia, altamente valorado y, dependiendo del camino que elijas, capaz de casi cualquier nivel de compensación.

EL
ASESOR
Tú, en pocas palabras

ESLOGAN
Aconsejo para crecer.

Impulso motivador

Al asesor, el trabajo de *coaching*, *mentoring* y asesoramiento lo hace sentir pleno como ninguna otra cosa. Eres la persona que entra en escena, desarrolla relaciones personales sostenidas, a menudo con individuos o pequeños grupos, cultivas la confianza y creas la seguridad necesaria para guiar a la gente de forma práctica y comprometida hacia el fin deseado. Se trata de sabiduría, confianza, seguridad, curiosidad, presencia y orientación (aunque, como vas a ver, no necesariamente de la manera que piensas). Trabajes con quien trabajes, su victoria es la tuya.

Aunque te consideras una persona con conocimientos sólidos y capacitada, para ti no se trata tanto de esclarecer o enseñar un cuerpo de conocimientos particular, como un maestro podría hacerlo, sino más bien de la experiencia interactiva de guiar a la gente a través de un proceso de resolución de problemas, aplicación, logro y, en última instancia, crecimiento.

Tampoco se trata solo del resultado. La aspiración no es únicamente llevar a las personas al lugar en el que anhelan estar. Para ti, es más importante la profundidad de la conexión, la naturaleza de la relación que entablas con las personas que asesoras, la alegría de la confianza que cultivas y el conocimiento de que estás marcando una verdadera diferencia. Para muchos asesores, también se trata de ayudar a los demás a desarrollar su propia confianza interior, su competencia, su seguridad y su autosuficiencia para que, cuando llegue el momento, puedas alejarte y verlos volar.

Debido a la naturaleza intensamente relacional de su impulso, los asesores suelen sentirse muy gratificados externamente. Necesitan interactuar con los demás para cobrar vida de verdad. Aunque pueden ser increíblemente experimentados, sabios y haber desarrollado su propia maestría en el arte de asesorar, la satisfacción más profunda y significativa no proviene del proceso, sino del servicio. Se trata de la calidad de la relación y la capacidad de marcar una diferencia real. Los asesores se nutren cuando han creado el contexto y el marco que permite a los demás profundizar, abrirse y confiar en la integridad y la sabiduría de la relación.

Cuando los asesores trabajan de una manera que les permite pasar la mayor cantidad de tiempo inmersos en el proceso de guiar de una manera práctica y orientada a las relaciones, aprovechando sus conocimientos y experiencia para obtener un resultado fervientemente deseado, se sienten más vivos. Cuando tienen el control sobre el proceso, los recursos y el enfoque acerca del crecimiento que creen que darán los mejores resultados, se enciende su chispa vital. Cuando su trabajo ayuda a un cliente, a un alumno o a un grupo de ellos a conseguir lo que se proponen, los asesores se sienten profundamente satisfechos.

Charlie

Charlie Gilkey (asesor/científico) se desempeñó en la Operación Libertad para Irak como *Transportation Platoon Leader*. Más tarde fue ascendido a oficial como *Battalion Plans Officer* y luego *Battle Captain*. A su regreso, planificó y ejecutó ejercicios de adiestramiento de fuerzas conjuntas, que ofrecían escenarios de combate de convoyes en el mundo real con el fin de preparar a las tropas, que pronto se desplegarían, para el entorno en el que operarían. Está obsesionado con la búsqueda de soluciones a problemas complejos de forma eficiente y eficaz. En su papel en el ejército, un solo error no solo ponía en peligro el tiempo y el dinero, sino también vidas. Más allá del dominio del proceso de averiguar las cosas, que es el trabajo de su chispa colaboradora, Charlie siempre fue muy consciente y se interesó profundamente por el lado humano de cada tarea, proceso y misión. Hasta el día de hoy, quiere saber el porqué y el impacto en las personas que se verán afectadas tanto por el problema como por el universo de soluciones potenciales de cualquier cosa en la que esté involucrado. Siempre se pregunta: «¿Cómo ayudará esto a los demás a ayudarse a sí mismos?». Una gran parte de su motivación es crear sistemas y procesos que fomenten la independencia y la autoconfianza.

En parte rey filósofo, gestor de procesos, profesor y facilitador de la acción, desde que se trasladó al mundo civil, Charlie dedica ahora gran parte de su tiempo a desplegar su impulso para guiar y asesorar en el ámbito de la empresa, donde trabaja con altos dirigentes.

Hace todo este trabajo de reflexión y resolución de problemas no solo en busca de una respuesta, sino porque quiere ser capaz de servir a sus clientes al más alto nivel posible. A lo largo de los años, como fundador de Productive Flourishing, una consultoría empresarial estratégica, ha trabajado con todo tipo de personas, desde fundadores de *startups* hasta equipos de liderazgo ejecutivo de grandes organizaciones, y desde educadores que están desarrollando paradigmas de próxima generación para la educación superior hasta profesionales creativos que luchan por convertir las ideas en acciones y las acciones en resultados. Esta última parte se ha convertido, en efecto, en la tarjeta de visita de Charlie.

Cuando Gilkey entra en una habitación, el bloqueo desaparece.

A lo largo de su trayecto, se dio cuenta de que, independientemente del sector o del nivel, sus clientes siempre se enfrentaban a lo mismo. Así que comenzó a entrenar su ojo para la eficacia y la eficiencia en su propio proceso, y enfoca su lente para hacer que las cosas sucedan con una metodología clara y procesable. Tras años de pruebas y perfeccionamiento, Charlie compartió esta metodología en el libro *Start Finishing: How to Go from Idea to Done*. Compartir su metodología *Start Finishing* (Comenzar a terminar) con el mundo ha permitido a Charlie ampliar de forma efectiva el impacto de su impulso de asesor/científico, mientras trabaja de forma práctica con un grupo selecto de clientes privados, y sabe que sus ideas se extenderán a las vidas de muchos otros. El libro también lo presenta de manera más pública como el fundador de una metodología que, para los asesores, puede ayudar a abrir las puertas a niveles más altos de demanda, compensación y elección de la clientela.

Los mejores asesores no lo hacen

No es raro que los que tienen el impulso de asesor digan algo así como: «Soy la persona a la que la gente acude desde que tengo uso de razón para pedir consejo. Tienen un problema y es a mí a quien acuden para obtener las respuestas». Tendemos a asociar el papel del asesor con el de proveedor de respuestas. Y hay algo de verdad en ello. Pero la verdad más profunda es que los grandes asesores son menos frecuentemente las fuentes de las respuestas y más frecuentemente canales para la aparición de ideas y soluciones profundas.

Cuanto más consumado es un asesor en el oficio de asesorar, menos dice y más escucha. Los asesores experimentados comprenden y han cultivado la capacidad de crear el contexto para indagar, comprender y generar las respuestas. Ofrecen indicaciones y formulan preguntas diseñadas para obtener información crítica y, a continuación, proporcionan marcos de referencia perspicaces basados en la experiencia y la inteligencia, diseñados para ayudar a las personas en las que confían a obtener las mejores respuestas, acciones, percepciones y resultados posibles. Esta es la magia que engendran, no solo avances extraordinarios, sino también autoeficacia, autoconfianza e independencia, en lugar de dependencia e inseguridad.

Michael

Michael Gervais es un psicólogo especializado en el alto rendimiento. Ha trabajado como asesor de muchos de los atletas y profesionales de mayor rendimiento del mundo, desde deportistas olímpicos hasta los Seattle Seahawks, pasando por músicos y directores ejecutivos de *Fortune 100*. También es autor, investigador, conferenciante, cofundador de Compete to Create (una plataforma digital centrada en el entrenamiento de la mentalidad) y presentador del pódcast Finding Mastery. Michael dice: «No doy consejos. Hice un pacto para no dar consejos. Sé demasiado acerca de lo complicado que es llegar a una conversación y, por eso, siento que es un enfoque totalmente desaconsejable/simplificado para aprender a dar consejos». A continuación, compartió un modelo de tres niveles que él denomina las Bandas del *coaching*, desarrollado en el contexto de los entrenadores físicos, pero muy pertinente en el ámbito más amplio de los asesores.

El *coach* amateur habla mucho, da muchos consejos, pero la exactitud de sus consejos es a menudo cuestionable y su enfoque, hasta cierto punto, ahoga el autoconocimiento y el autodescubrimiento. Los *coach* de alto rendimiento dan información muy precisa, junto con algunos consejos basados en la experiencia, la mayoría de las veces como una forma de acortar ocasionalmente una realización.

Los *coach* de élite son increíblemente raros. No dicen mucho, sino que hacen muchas preguntas. «Entienden no solo el abanico de características de cada persona, sino los abanicos de características de las personas —explica Michael—, y están tan conectados con las ideas, la información y los conocimientos de la persona con la que trabajan, que saben que tienen que observar de un modo que implique la excelencia. Y parte de esa observación es aprender a través de preguntas». Son maestros del matiz, de la deducción, y tienen la capacidad de obtener ideas que encarnan más como autorrevelación que como información. Son profesionales y, al final, transformadores. No es de extrañar que se necesiten años, tal vez décadas, de experiencia y estudio para salvar la brecha que separa al aficionado del *coach* de élite. El viaje requiere una práctica dedicada y decidida, y la orientación de asesores cada vez más capacitados.

Karen

Karen Wright (asesora/líder), entrenadora ejecutiva con sede en Toronto y fundadora de Parachute Executive Coaching, ha sido una guía de confianza para los líderes de la industria durante más de dos décadas. Se ha centrado en el desarrollo del liderazgo, la gestión del cambio y el crecimiento estratégico. Al trabajar con directores generales y altos cargos, a menudo en momentos de gran perturbación y transición, se basa en décadas de experiencia, pero también en muchos años de formación en múltiples ámbitos. Se adentró en este camino después de haber obtenido un MBA en la Ivey School of Business y de haber ascendido en algunas de las mayores organizaciones del mundo. Karen conoce íntimamente las dinámicas profesionales, sociales, políticas e interpersonales que definen los días de sus clientes. Las ha vivido y ha pasado años profundizando sus habilidades de observación y su perspicacia. Es una maestra en su oficio, juega en la liga de los entrenadores de élite de Michael Gervais.

Karen describió los primeros minutos de una sesión de *coaching* típica. Entra en una oficina, a menudo la de un director general, se sienta y pide que se apague o se aleje toda la tecnología, así crea un marco a la vez seguro y sagrado. No tiene una agenda prevista más allá del compromiso de estar totalmente presente, profundamente generosa y absolutamente honesta. Se lo debe a sus clientes, porque a menudo es la única que lo será. Una de las pocas personas en las que confían sus clientes. Casi todas las sesiones comienzan con una simple pregunta: «¿Qué pasa?». El camino a seguir está guiado por la respuesta del cliente en ese momento. Con total confianza, acabarán donde necesiten llegar.

Karen sabe, tras décadas de experiencia y una dedicación a su propia experticia y crecimiento, que es más útil cuando crea el espacio para que otros compartan, escucha no solo lo que se dice sino también lo que se expresa de mil maneras más allá del lenguaje y, luego, se une a ellos en un espacio de curiosidad y generosidad. Está allí, más que nada, para notar, reflexionar, interrogar y confiar en que la calidad del marco de contención, la precisión de sus preguntas y la profundidad de la relación permitirán que surjan las ideas y la visión necesarias. Y, sin falta, lo hacen. Este es el poder de una asesora que realmente entiende el camino y se compromete con su propia búsqueda de la excelencia.

La seguridad primero, o nada

Si las habilidades de observación e indagación son el agua y el brillo del sol que permiten al asesor hacer efectivamente lo que debe hacer, la capacidad de crear un contexto o marco de contención y confianza es el suelo en el que crecen la relación y los resultados. Sin eso, no pasa nada. No hay apertura, ni vulnerabilidad, ni honestidad, ni espacio para procesar, indagar, integrar, revelar o transformar. Para el cliente, el éxito ya no está sobre la mesa.

Para el asesor, es un obstáculo infranqueable para su capacidad de hacer lo que debe hacer. El primer paso para crear este marco de contención es la conciencia de su importancia. Luego viene la comprensión de los otros elementos de la seguridad y la confianza, cuestiones como la honestidad, la presencia, la vulnerabilidad y más. Esto requiere tiempo y habilidad. Pero también requiere un cierto grado de control sobre el entorno, el paradigma y la interacción, lo que puede ser un gran reto para los asesores que son nuevos en una cultura o trabajan dentro de un paradigma que hace que sea brutalmente difícil de cultivar.

Avanti

Avanti Kumar Singh (asesora/tutora) estaba desarrollando la carrera en medicina de urgencias en Chicago. Era buena en lo que hacía, pero también estaba cada vez más angustiada por el sistema, las normas y las limitaciones y el enfoque de la ayuda que definían su vida profesional y gran parte de sus horas de vigilia. Avanti comprendió de forma intuitiva que, para expresar realmente su *Sparketype* de asesora/tutora, para ayudar a las personas a mejorar, necesitaba tiempo, recursos, permiso y capacidad para profundizar en ellas. Necesitaba verlas y conocer sus vidas de una manera mucho más completa, matizada y honesta, y tener libertad para construir una relación de confianza y apertura, que pudiera conducir más fácilmente a la comprensión y la curación.

Esto era tremendamente difícil de hacer en el contexto de un paradigma de medicina con un ritmo acelerado, basado en cuotas y datos, con un tiempo restringido, en el que estaba desarrollando su carrera. Tenía que tomar una decisión. Los padres de Avanti habían emigrado a Estados Unidos desde la India. Desde muy joven, estuvo expuesta a las tradiciones curativas ayurvédicas. A medida que aumentaba su desilusión con la medicina occidental, se interesó cada vez más por la medicina ayurvédica, que se centra en las relaciones, los matices, el contexto, la amplitud y la consideración de la imagen completa. Se sintió atraída por el principio fundamental de que ninguna persona cura a otra, sino que, con el contexto, la sabiduría y la prescripción adecuados, todos tenemos la capacidad de crear un entorno óptimo para que nuestros cuerpos vuelvan a un estado de bienestar. Parte de ese contexto era una cierta veneración por el individuo, la relación y la calidad de la interacción y el marco de contención, lo que permite a las personas sentirse vistas, escuchadas y seguras. Esto también atrajo profundamente a su chispa colaboradora de tutora, que se encargó de crear seguridad y tranquilidad. A partir de esta base, su *Sparketype* de asesora podía intervenir y comprometerse de manera que pudiera surgir un verdadero crecimiento.

Avanti comenzó a estudiar medicina ayurvédica con el mismo rigor con el que estudiaba la medicina occidental. Con el tiempo, abandonó el paradigma occidental, que dificultaba la práctica, de manera que pudiera no solo servir a sus clientes en un nivel más profundo, sino que también le permitiera expresar más plenamente su *Sparketype*. Basándose en el enfoque ayurvédico, fue capaz de crear un marco de contención mucho más amplio, de confianza, seguridad y gracia, que le permitió comprender realmente la experiencia de sus pacientes y establecerse en un modo de servicio en el que podía guiar más eficazmente el viaje de sus pacientes hacia la curación.

El poder de la atención exquisita

Como señaló Gervais y demostró Avanti, crear seguridad y confianza es una parte fundamental del trabajo del asesor, al igual que dedicar años o décadas a construir una gran reserva de sabiduría y experiencia necesarias para entender cómo guiar a otros de forma informada y precisa. Pero, tal vez, la mayor capacidad y la mayor contribución con el logro de resultados poderosos (y con el hecho de que los asesores se sientan muy bien con su trabajo) radica en las habilidades de observación. Pero no se trata de cualquier tipo de observación, sino de una observación de nivel ninja. La capacidad de accionar un interruptor interno y entrar en un estado de consciencia, presencia y atención sostenidas.

La consciencia es la capacidad de darse cuenta de todo, desde el entorno, el contexto y el subtexto hasta el estado cognitivo, emocional y energético de las personas con las que te relacionas, aunque no se diga ni una sola palabra. Es tu capacidad de ver, no solo las representaciones de la realidad a las que te has acostumbrado, sino la realidad misma. La presencia es tu capacidad para darte cuenta de dónde está tu mente en un momento dado y, luego, redirigirla de nuevo al momento presente, a las circunstancias y a la interacción. Es el elemento de la atención. Tu presencia física es una parte de ella, pero se trata mucho más de tu capacidad emocional, creativa y cognitiva, de lo que Ram Dass llamó *estar aquí y ahora*. La forma en que tu cuerpo se muestra es simplemente un reflejo de dónde está tu mente en cada momento. La atención es el lugar donde la intención entra en la experiencia. Se trata de cómo, cuándo y dónde eliges lanzar el hechizo de la atención de una manera que se experimenta como generosa, reveladora y rara.

Juntos, estos componentes crean un efecto que se conoce como «atención exquisita». Cuando tú te adentras en el reino de la atención exquisita, junto con aquellos a los que quieres guiar, se despliega algo al nivel de la magia. Hay una sensación inmediata de facilidad, una experiencia de conocimiento compartido, de ver y ser visto, y escuchado, de ser testigo y estar sostenido. Es un espacio seguro, que vive con la confianza y la verdad. En este espacio existe la gracia. Un momento de reconocimiento compartido. Sin ofrecer ni una sola palabra de consejo, ni una idea, ni un marco, ni un plan de acción, la propia experiencia de la atención exquisita es transformadora.

Lo he visto en mi propio trabajo a lo largo de los años, ya sea enseñando a estudiantes de yoga o entrevistando a invitados en el estudio de pódcast. Recuerdo entrar en la sala de práctica de mi estudio de yoga a principios de los años ochenta, guiando a estudiantes de cuarenta y tantos años, de esterilla a esterilla, en un espacio sudoroso y oscuro, fluyendo, respirando, sintiendo. Sin tener todavía práctica en el arte de la atención exquisita, en noches aleatorias, me adentraba en ella, sin entender por qué ni saber cómo recrearla. Cuando estaba en ella, aquella habitación de doscientos metros cuadrados se convertía en mi mundo. No existía nada fuera de las paredes. Era como si viera y sintiera la energía de cada persona, cada pelea, cada abrazo, cada victoria, cada pérdida, cada viaje, cada llanto, cada esperanza, cada deseo, cada miedo. Leía y reaccionaba, convocaba una continuidad como respuesta. Los alumnos salían de la sala e invariablemente planteaban alguna variante de la pregunta: «¿Qué acaba de pasar ahí?». Sinceramente, no lo sabía.

A medida que me he ido haciendo más consciente de la respuesta a esa pregunta y del poder de transformación que genera un momento de atención exquisita, he aprendido a convocar este estado de una forma más voluntaria, siempre en nombre de la conexión y la elevación. En el estudio de grabación, mi invitado y yo solemos entrar en el espacio de la atención exquisita en cuestión de minutos. Lo comparo con un manto invisible de seguridad, gracia y generosidad de espíritu que nos envuelve, y que permite que la conversación llegue a lugares a los que ninguno de los dos había ido antes, ni había planeado ir. Esos mismos comentarios de aliento que mis alumnos de yoga compartían a la salida de la clase hace casi dos décadas se han convertido en una parte habitual de la conversación posterior a la grabación cuando salimos del estudio y volvemos a la vorágine en la que, con demasiada frecuencia, ya nadie presta realmente atención a nada ni a nadie.

Curiosamente, durante la pandemia, cuando nos vimos obligados a grabar a distancia, me preocupaba que pudiéramos perder este elemento fundamental. Me preguntaba si, de alguna manera, denigraría la sacralidad del marco de contención, impediría la capacidad de cultivar la atención exquisita y degradaría la profundidad y la calidad de la conversación. No solo porque mis invitados se distraerían, sino porque yo lo haría. Sin duda, ese cambio imprevisto a un formato virtual tuvo algún efecto. Sin embargo, me sorprendió la facilidad con la que se podía recrear la experiencia de la atención exquisita en un entorno virtual cuando se entiende su importancia y se hace el trabajo para desarrollar esta habilidad.

Vivimos en un mundo tan dominado por el ritmo y la presencia fragmentada que el simple acto de dar a otro no solo tu tiempo, sino tu atención exquisita se experimenta como un regalo, una rara ofrenda en un mar de distracción e invisibilidad. Por un lado, esto es profundamente triste. Por otro, es una llamada a la acción, que es relevante para cada persona y cada interacción, pero que también es crítica para el éxito del trabajo del asesor. Los mejores asesores comprenden el poder de este ofrecimiento y trabajan para cultivar la habilidad, susceptible de ser aprendida, de la atención exquisita, sabiendo que su efecto por sí solo, sin respuestas ni consejos, es probablemente más de la mitad del beneficio de la relación de asesoramiento. Y la profundización de la relación es una gran parte de la recompensa para el asesor.

Los asesores, con otro nombre, siguen siendo asesores

Es fácil encasillar a los asesores en sectores, organizaciones, trabajos, títulos o funciones obvias, como consultores, *coaches,* terapeutas y profesores. Como ocurre con todos los tipos de *Sparketypes*, lo obvio no significa lo único. De hecho, el impulso del asesor se expresa en muchos campos y formas diferentes, tanto si se asocia con alguno de los títulos anteriores como si no lo hace. Esto causa que a veces el impulso quede un poco oculto, sobre todo cuando surge de formas no tradicionales desde el punto de vista profesional.

Arian

Arian Moayed (asesor/creador) se ha dedicado a la actuación durante toda su vida adulta, ha tenido papeles principales como actor en todo tipo de programas de televisión ganadores de premios Emmy, obras de teatro nominadas al Tony y grandes películas. Mirando su carrera desde fuera pensarías: «¡Qué artista!», y asumirías que su *Sparketype* es, de hecho, el de *performer*. Debe serlo, esa ha sido su vida. Excepto que no lo es. Resulta que Arian es un asesor/creador. Sí, le encanta la experiencia colaborativa y expresiva de la actuación, pero hay un impulso más profundo que lo mueve. Se trata de guiar, orientar, y de hacerlo con el apoyo de su chispa colaboradora, crear. El impulso de Arian se manifiesta cuando entra en el papel de escritor/director, que se está convirtiendo en una parte cada vez más importante de su trabajo. Pero es más radiante en el trabajo que realiza a través de Waterwell, la empresa de producción teatral y cinematográfica y de educación artística de la que es cofundador.

En Waterwell, ayuda a guiar a maestros de la ciudad de Nueva York y de los alumnos de sexto a duodécimo grado, a partir de programas gratuitos de formación teatral. En la superficie, se trata de actuar, pero la llamada más profunda de Arian es aprovechar el vehículo de la actuación para explorar temas como la ciudadanía, el servicio, la igualdad, la defensa y la justicia. Es un canal para ayudar a guiar a los estudiantes en un proceso de descubrimiento y crecimiento, mientras aprenden lo que significa ser bueno y ser humano en el mundo. «Leer acerca de mi *Sparketype* validó muchas de mis propias decisiones y me hizo sentir menos… bueno… loco —compartió Arian—. A menudo traigo a jóvenes artistas que acaban de abrirse camino a nuestras oficinas de Waterwell y me preguntan: "¿Por qué me ayudas?". Y la respuesta es que me interesa ayudar a los jóvenes a abrirse camino».

Arian también se ha involucrado cada vez más en la tutoría y la defensa de las comunidades de inmigrantes, una experiencia con la que está profundamente conectado. Su familia emigró a Estados Unidos desde Irán cuando él era un niño pequeño y aterrizó en Chicago, donde desarrolló una íntima comprensión de lo que se siente ser un extranjero. Para Arian, que se lo llame *consejero*, *coach*, *mentor*, *profesor* o *amigo* es irrelevante. Para él, se trata de la oportunidad de establecer relaciones significativas con personas con las que siente una conexión genuina, para luego ayudar a guiarlas en un proceso de descubrimiento, empoderamiento y crecimiento.

Incluso los asesores necesitan asesores

Ya sea que estés trabajando hacia una meta individual o hacia la de un equipo, grupo u organización, es casi imposible lograr algo extraordinario sin tener acceso a un asesor experto. Esto, por cierto, también se aplica a los asesores. Para llegar a ser un asesor de primera categoría, necesitas ayuda.

K. Anders

El psicólogo cognitivo e investigador K. Anders Ericsson pasó gran parte de su vida adulta investigando el campo de la excelencia y la experticia, obsesionado por una pregunta: ¿Qué hacen de manera diferente los que alcanzan el nivel más alto? Analizó las prácticas, los hábitos y el trabajo de los profesionales de élite en una amplia gama de campos y empezó a observar un fenómeno común que denominó *práctica deliberada*, que es un enfoque de la práctica en el que cada acción se centra en un objetivo limitado, medible, específico y orientado al crecimiento. Se examina cada iteración y se hacen ajustes para mejorar.

Alcanzar la excelencia o la pericia en cualquier ámbito requiere una práctica deliberada durante miles de horas y, a menudo, muchos años. Es psicológica y emocionalmente agotador. Como Anders compartió conmigo en una conversación en el pódcast de Good Life Project, si te diviertes, es probable que no estés realizando una práctica deliberada.

La pregunta es, si la práctica deliberada es tan desagradable, y hay que dedicarse a ella no durante semanas o meses, sino durante años o incluso décadas para llegar a los niveles superiores de excelencia y experiencia, ¿cómo puede alguien mantener ese nivel de esfuerzo? De hecho, es casi imposible tener éxito a este nivel sin la orientación, la visión, la empatía y la experiencia de alguien que esté a tu lado y que sea capaz de hacer el trabajo de asesor. Puedes llamar a esa persona consejero, entrenador, mentor, profesor, padre (eso se vuelve impreciso). Los amigos o los compañeros de entrenamiento pueden incluso encajar en la lista, si están capacitados y llamados a realizar el trabajo que debe hacer un asesor.

Ericsson comenzó a centrarse en la importancia crítica de esta relación en su trabajo posterior y en su libro, *PEAK: Secrets from the New Science of Expertise*. Describió la evolución de la práctica deliberada bajo la guía de un entrenador o mentor de confianza —alguien que hace el trabajo de asesor— no solo como práctica deliberada, sino con propósito.

Habrá momentos en los que te topes con un muro. Superarlo no tiene que ver con la motivación, la inspiración o el deseo. Se trata de tener acceso a alguien que te conozca, que te vea, que entienda por qué has llegado a ese punto de estancamiento y que pueda compartir las ideas, los marcos, las indicaciones y la orientación necesarios para atravesar ese umbral de una forma que no podrías hacerlo tú solo. Si lo piensas, esto se comprueba en el mundo real.

Los atletas profesionales no dejan de necesitar el *coaching*, sino que crecen en relaciones más profundas y comprometidas con entrenadores lo suficientemente capacitados para ayudar en niveles de rendimiento cada vez más altos. Es difícil ascender en el mundo de la empresa sin un asesor de confianza que te ayude a recorrer el camino. Incluso a nivel de director general, los mejores de entre los mejores de la empresa tienen a alguien, casi siempre fuera de la organización, con quien han desarrollado un profundo vínculo de confianza y con quien se muestran abiertos para recibir una orientación honesta. Y, al igual que aquellos a los que asesoran, los asesores necesitan sus propios asesores de confianza para continuar su propio crecimiento.

La verdad es simple: si quieres seguir creciendo, sin importar lo que hagas, necesitas ayuda. Los mejores asesores son también asesorados.

¿CON QUÉ OBSTÁCULOS TE ENFRENTAS?

Los asesores, como todos los *Sparketypes*, suelen descarrilar por una serie de circunstancias y experiencias desencadenantes bastante comunes. Cuando esto ocurre, puede dar lugar a sentimientos que van desde la frustración y la agitación hasta la ira, el miedo, la ansiedad, la parálisis y otros. Dado que la naturaleza fundamental del impulso del asesor exige un cierto nivel de intimidad con aquellos a los que pretende servir, los retos y los tropiezos también pueden sentirse profundamente personales. Y, como no se trata solo de ti, pueden requerir destreza, comprensión y vulnerabilidad para ser superados. A continuación, se presentan algunos de los retos más comunes que surgen para los asesores, con ideas sobre lo que hay que tener en cuenta y cómo manejarlos si se presentan.

Cuando los clientes buscan validación en lugar de entendimiento

El hecho de que alguien te pida ayuda, incluso que te pague por ella, no significa que esté abierto a recibirla. Cuando alguien busca tu ayuda, pero luego no te «deja entrar» o no actúa en consecuencia, los asesores pueden sentirse increíblemente frustrados. A primera vista, esto puede parecer un problema ficticio. ¿Quién pide ayuda, paga por ella (a veces muy bien) y luego se niega a recibirla o a actuar en consecuencia? Qué gran pérdida de tiempo, energía y dedicación de todas las partes. De hecho, lo es. Ocurre con una frecuencia asombrosa, a veces con efectos psicológicos devastadores para los asesores.

No es raro que personas, grupos u organizaciones busquen la ayuda de un asesor y expresen su deseo de recibir orientación hacia un determinado objetivo de crecimiento. Pero, bajo la superficie, hay una compulsión diferente, a menudo más fuerte. En lugar del aporte de un entendimiento y de la orientación hacia el crecimiento, buscan la validación de sus ideas, planes, estrategias, enfoques, deseos, conclusiones e incluso de ellos mismos como seres humanos. Si, como asesor, los orientas de una manera que valida su premisa subyacente, es posible que se vayan satisfechos. Sin embargo, si en base a la experiencia, lo orientas en otra dirección que no valida sus ideas preconcebidas, a menudo no solo rechazarán tu idea, también te rechazarán a ti. Incluso es posible que critiquen la experiencia y la sabiduría generada, no porque sea mala o errónea, sino porque no les ha dado la confirmación que buscaban.

Una experiencia como esta puede ser increíblemente desconcertante para los asesores. Parte de tu recompensa como asesor se deriva de la integridad y la profundidad de la relación, la confianza y la seguridad que se crea entre tú y aquellos que asesoras.

Otra parte radica en la integridad de los conocimientos y la oportunidad de crecimiento genuino y resultados constructivos. Cuando la búsqueda de la validación se impone, una gran parte de la riqueza que obtienes del trabajo desaparece. Tu impulso de asesor no puede expresarse y pierdes el sentimiento de realización plena. No se trata de satisfacer una expectativa impulsada por el ego de que cada asesorado «haga lo que tú dices». Como ya se ha dicho, los asesores más hábiles no suelen decir lo que hay que hacer, sino que observan e indagan. Se trata de la voluntad de un asesor de explorar y considerar ideas que pueden ser contrarias a las que se han propuesto, independientemente de la decisión final que se tome o del camino que se elija.

Mantente atento a esta dinámica. En el momento cuando tengas que decidir si te vas a comprometer con el asesoramiento o no, pregunta sobre las suposiciones más profundas, las expectativas y los compromisos anteriores. Una serie de compromisos fallidos centrados en la misma área sobre la que te consultan es una posible señal de alarma de que están comprando validación en lugar de conocimiento. Si te encuentras en medio de esta dinámica con cualquier persona, desde un cliente hasta un amigo o miembro de la familia, recuerda que, a veces, el trabajo de un asesor es tener conversaciones duras y honestas que confrontan el deseo oculto de otra persona, no para obtener información, sino para validar. Los asesores deben estar dispuestos a «ir allí» o se arriesgan a encontrarse potencialmente bien compensados, pero frustrados y vacíos.

Cuando el impulso supera la capacidad

Todos, antes de llegar a donde estamos, hemos empezado como principiantes. Eso no es malo. ¿Cómo mejoramos? Con formación, tutoría, estudio, reflexión, integración y experiencia.

¿Quieres ser mejor asesor? Entonces asesora. Pero también, sé consciente de lo que aún no sabes y de lo no eres capaz de hacer. Una vez que empiezas a salir de la seguridad de un pequeño círculo de amigos y familiares, y la complejidad y lo que está en juego aumentan, un asesor bien intencionado, confiado, pero mal equipado puede a veces hacer más daño que bien. Es importante ser consciente de la relación entre el deseo de servir y la capacidad de hacerlo, especialmente cuando las exigencias de los objetivos y retos de una persona o grupo u organización se vuelven cada vez más complejas y los riesgos de fracasar aumentan.

Claro, ser un guía, *coach,* mentor o asesor eficaz se basa en parte en la intuición, pero la intuición por sí sola puede llevar a resultados no solo erróneos, sino también indefendibles o incluso perjudiciales. Trabaja con tu impulso, desarróllalo, construye en torno a él, pero también debes manejar claramente el límite actual de tus capacidades. Es importante que los asesores busquen sus propios asesores, formación, educación y crecimiento. A veces esto se manifiesta como títulos, otras veces, viene de una relación de *coaching* o *mentoring* a largo plazo, certificación, licencia u otra experiencia. Muchas veces, es una mezcla de todo lo anterior. La gran conclusión: invierte en desarrollar habilidades, sabiduría y experiencia en torno a tu intuición, para que sepas que puedes confiar en enfoques probados, eficaces, que reducen el daño, para ayudar a las personas de la mejor manera posible. Como nos recuerda el antiguo médico griego Hipócrates: «Primero, no hagas daño» y, luego, haz un buen trabajo.

El síndrome del salvador

El desarrollo de relaciones profundas y de confianza con las personas que asesoras puede ser una parte importante de tu satisfacción. La relación también puede correr el riesgo de volverse demasiado «centrada en ti». Cuando el ego se convierte en un actor demasiado importante en la dinámica del asesoramiento, la gratificación y la necesidad de desempeñar el papel de salvador o de estar en una posición que se percibe como de superioridad o dominio pueden resultar poco saludables tanto para ti como para aquellos a los que asesoraras.

Al comienzo, cuando los asesores tienden a caer en la trampa de «decirle a la gente lo que tiene que hacer» con más facilidad, puedes empezar a sentir que tus instrucciones directas son la fuente, en lugar del catalizador, de las decisiones y las acciones de tus clientes, que son, en definitiva, la fuente del éxito. Esto es especialmente cierto si te encuentras en una racha de victorias. El ego empieza a pensar: «Soy brillante, no puedo equivocarme, soy la verdadera fuente de los increíbles resultados de toda esta gente». Luego, si te mantienes en el juego el tiempo suficiente, la realidad empieza a imponerse. Los clientes se enfrentarán a obstáculos, a veces enérgica y repetidamente, sobre todo cuando hay mucho en juego. El miedo y la ansiedad, sin una visión real y sin herramientas inteligentes, conducen a malas decisiones. Justo cuando crees que eres el universo y que no puedes equivocarte, el universo real se ríe y decide que es hora de una lección. Si son receptivos, los asesores principiantes, en lugar de culpar a los clientes o a los asesorados por haber ignorado o ejecutado mal sus consejos, se darán cuenta de que sus propuestas y su visión pueden no haber sido tan sabias, darán un paso atrás hacia un lugar de vulnerabilidad, y estarán abiertos al hecho de que todos tenemos mucho que aprender.

No importa en qué punto de tu recorrido formativo como asesor te encuentres, recuerda que no se trata de ti, sino de aquellos a los que quieres servir. Tú no eres el salvador de nadie. Tu recompensa no es que los éxitos de tus clientes te sean atribuidos, sino la oportunidad de desarrollar relaciones profundas y significativas con personas a las que te sientes honrado de ayudar. Como asesor, es posible que te deleites con los éxitos de tu asesorado, pero no debes adjudicártelos.

Cultivar la dependencia

Cada vez que un asesor le dice a su cliente exactamente lo que tiene que hacer, lo está entrenando para que apague sus propios motores de discernimiento y confíe totalmente en el juicio del asesor. El asesor no solo se equivoca a veces, sino que esta dinámica deja inevitablemente a los asesorados con menos capacidad de acción, menos conciencia de sí mismos, menos confianza en sí mismos, menos perspicacia y sin herramientas para tomar mejores decisiones y generar resultados exitosos por sí mismos. Al principio, ambas partes pueden sentirse bien, sobre todo si el asesorado ha acudido al asesor en crisis, pero es un camino hacia la dependencia perpetua, la disfunción y la limitación (y probablemente la vergüenza).

Puede que a los asesores les guste trabajar con ciertas personas, pero su trabajo principal es dotar a los asesorados del apoyo, la visión y los marcos necesarios para obtener mejores resultados de forma independiente, incluso si deciden mantener al asesor como un confidente de confianza a lo largo del tiempo. Cultivar la dependencia no solo conlleva el riesgo de perjudicar al asesorado, sino que, en casos extremos, puede llegar a ser perjudicial e inapropiado. Apoya a los asesorados mientras aprenden a pescar, en lugar de darles el pescado. Especialmente cuando el asesor recibe una compensación por sus servicios, lo que añade una capa de obligaciones y complejidad a la relación.

Límites

Los asesores a menudo se encariñan con las personas a las que asesoran. Es de esperar, sobre todo cuando se trabaja con alguien durante un largo periodo y se ha conseguido un resultado muy personal y significativo. En la medida en que esto ayude a proporcionar la información necesaria para ser asesores más eficaces, no es algo malo. Pero, sin los límites adecuados, puede nublar la visión, conducir a una empatía emocional o transferencia, que disminuyen la objetividad necesaria para hacer el trabajo.

Siempre llegará un momento en la relación entre el asesor y el asesorado en el que el asesor necesite tener una conversación difícil para poder realizar eficazmente el trabajo que se le ha encomendado. Cuanto más cercanos sean, más arduas serán las conversaciones difíciles y mayor será el riesgo de una orientación ineficaz o incluso perjudicial que, inevitablemente, lleve a la interrupción de la relación.

Siempre que sea posible en un entorno profesional, debes establecer límites claros y ser explícito, incluso puedes poner estos acuerdos por escrito y hacer que todas las partes se comprometan a cumplirlos. Si la forma en que se realiza el trabajo del asesor es, a menudo, en un contexto más personal y familiar —paternidad, apoyo a la familia o a los amigos—, esta propuesta se torna mucho más difícil. Sin embargo, el amor y los límites no se excluyen mutuamente. El amor, de hecho, es límite. Generar expectativas es crucial y te da la autoridad y el permiso para identificar y establecer nuevamente los límites cuando se hayan traspasado.

MUÉSTRAME EL DINERO

Considerados como consejeros de confianza e impulsores que aceleran los resultados y añaden valor, a menudo de forma cuantificable, los asesores capacitados suelen ser muy solicitados. Todo el mundo los quiere a su lado o en sus organizaciones. Sin embargo, esto no siempre se traduce en una compensación de alto nivel.

En ámbitos como el empresarial, el deporte de competición y el entretenimiento, las recompensas monetarias pueden ser extraordinarias, ya sea por un papel de liderazgo en una organización, en la consultoría, en el *coaching* o como asesor externo. La misma combinación entre la visión y la capacidad de asesoramiento es igualmente necesaria en todos los ámbitos, desde el mundo de las organizaciones sin ánimo de lucro hasta las escuelas secundarias, el clero, el trabajo social u otros campos en los que las recompensas suelen conjugar un salario «digno» y la satisfacción de saber que estás haciendo lo que has venido a hacer y estás marcando la diferencia en las vidas de las personas que realmente te importan. Además, hay innumerables formas en las que el asesor puede encontrar una salida en otras partes de la vida, como la crianza de los hijos, ser la tía sabia que guía a sus sobrinos, ser voluntario, entrenar fútbol los fines de semana, ser mentor de los niños en el centro comunitario local, ser un amigo increíble y mucho más. En esos ámbitos, lo importante es la sensación que obtienes al hacer lo que te llena el alma, al tiempo que profundizas en las relaciones con las personas que te gusta que se enriquezcan. Muchos asesores combinan todo lo anterior, centrando sus capacidades de asesoramiento en un negocio como fuente de ingresos, y, luego, complementándolas con formas más personales, familiares u orientadas al servicio por las tardes y los fines de semana. Presentamos más información sobre este tema en el capítulo «Impulsa tu trabajo».

No importa el área que elijas para manifestar tu impulso de asesor, siempre habrá un factor limitante similar: la experiencia y la capacidad. Puede pasar mucho tiempo antes de que la destreza coincida con el impulso a un nivel que conduzca a una excepcional capacidad y, a su vez, a la compensación o incluso a la capacidad de ayudar a conseguir resultados realmente valiosos y fiables. Esto puede ser frustrante. Es importante que los asesores en ascenso sean pacientes, hagan el trabajo, construyan su sabiduría y habilidades. Confíen en el proceso.

EL
DEFENSOR
Tú, en pocas palabras

ESLOGAN
¡Soy tu paladín!

Impulso motivador

Los defensores defienden, así de simple. Hacen brillar la luz, amplifican las voces y defienden todo, desde un individuo, una comunidad o una población hasta una idea, un ideal, un paradigma, una institución y mucho más. Esto puede implicar literalmente «dar voz» a una persona o causa que, de no ser por los esfuerzos de otros, no la tiene. Me vienen a la mente los animales o el medio ambiente, que no pueden hablar fácilmente por sí mismos. En realidad, sí pueden (piensa en los ladridos y los incendios forestales), pero los humanos tienen que «traducir» esas señales en consciencia, energía y acción. Otras veces, no se trata tanto de dar voz, sino de unirse a un esfuerzo para cambiar y amplificar una idea, una necesidad, un punto de vista, una voz o una comunidad de voces. Formar parte de ese proceso te hace revivir. Y, para la mayoría de los defensores, ha sido así desde que tienen uso de razón.

La forma en que esta actitud se percibe entre los que te rodean depende en gran medida del tema y del contexto. En un determinado ámbito, el defensor será etiquetado como «vendedor nato», defensor de una causa noble, innovador, líder o voz de una generación. Los defensores que ven el valor de una idea ignorada y le dan impulso suelen ser considerados visionarios. Los que denuncian los malos tratos o el acoso y, luego, defienden a los demás son recompensados por no ser espectadores. Este mismo impulso, si se manifiesta en un contexto diferente, puede llevarte a ser etiquetado como rebelde, agente de cambio, agitador, disidente o alborotador. Esto es especialmente cierto cuando te rebelas contra las normas o reglas de un hogar, una organización, un paradigma, una cultura o una institución en la que los demás están comprometidos con el *statu quo*.

Algunos defensores se sienten atraídos por temas, personas o comunidades de las que pueden formar parte, y se vuelcan hacia ellas. Otros están mayormente impulsados por un sentimiento general de injusticia frente a las desigualdades de poder y se sienten llamados a la acción, sin que experimenten necesariamente una fuerte conexión con el tema en particular. En cualquier caso, te niegas a quedarte callado ante cualquier idea, causa o injusticia que percibas y que deba ser vista, escuchada o defendida. No importa cuánta precaución, miedo o preocupación llegue a tu conciencia, el impulso mayor de, como dijo el famoso activista de los derechos civiles y congresista John Lewis, «hacer algo de ruido y meterse en un buen lío, un lío necesario», casi siempre te empuja. Cuando lo haces, te enciendes.

Megan

Megan Devine (defensora/experta), terapeuta y profesora de gran talento, perdió a su marido, que murió ahogado a una edad temprana en un extraño accidente. Devastada y en busca de una salida, descubrió que sus años de formación y experiencia clínica, su familiaridad con la información, los pasos y los tópicos de generaciones anteriores sobre el duelo no solo eran lamentablemente inadecuados, sino también potencialmente dañinos. De hecho, a menudo establecían expectativas poco realistas que acababan por añadir un sentimiento de vergüenza y a emitir juicios sobre la pérdida.

Buscando un camino de regreso a un tipo diferente de plenitud, comenzó a aprovechar el impulso de su chispa colaboradora de experta para aprender y desarrollar su propio lenguaje, ideas, pasos y procesos. Lo que empezó como algo profundamente personal se convirtió rápidamente en algo más grande. La experiencia de Megan desencadenó su impulso de defensora para esclarecer una situación que debía cambiar. Ya no se trataba solo de su pérdida, sino de las prácticas ineficaces y el daño potencial que se hace a millones de personas que han sufrido pérdidas y padecen en todo el mundo. Comenzó a ofrecer sus conocimientos a una comunidad global de personas que han sufrido una pérdida y fundó la iniciativa Refuge in Grief, que luego generó una comunidad de escritura, Writing Your Grief Community, dolorosamente vasta. Su libro, *It's Okay That You're Not Okay* (Está bien que no estés bien), apareció unos años más tarde y sirvió de manifiesto para un nuevo enfoque del duelo, así como para el desmantelamiento de los hábitos de la vieja guardia. Puede que, al conocer la experiencia de Megan, pienses que se ha convertido en una defensora por lo que le ocurrió. En realidad, no es así. El impulso innato, y a veces absorbente, de Megan de hacer el trabajo de defensora ha sido parte de ella desde que puede recordar.

Cuando Megan estaba en la escuela primaria, su clase participaba en una feria de artesanías y servicios en el aula llamada «Día de la integridad». Los niños hacían sus propias manualidades y, luego, las vendían a los profesores y a otros niños: desde piedras pintadas hasta orugas de fieltro.

En cuarto curso, molesto por algo, quizá a causa de uno de los niños, el profesor de Megan anunció que cancelaba la feria. Megan describió lo que ocurrió a continuación: «Después de todo el trabajo que hicieron, los niños estaban enfadados. ¿Qué hizo la pequeña y poderosa persona que era yo? Organizar una huelga y una marcha por nuestros derechos. El profesor terminó rehabilitando la feria».

Enfrentarse a cualquiera que percibiera como un acosador, personal o sistémico, es lo que la animó desde sus primeros días. El impulso se hizo más fuerte con la edad. En su último año de instituto, cuando era animadora, Megan se enteró de que el director de la escuela había recortado el sueldo del entrenador de las animadoras, con el argumento de que no podían permitírselo. Megan contó cómo el entrenador se lo dijo al equipo, entre lágrimas. Entonces, ella entró en el despacho del director, con su entrenador y el resto del equipo, e interrogó al director, lo presionó para que, según sus palabras, admitiera ante todos los presentes que había recortado el sueldo del entrenador porque no las veía como verdaderas deportistas, ni al entrenador como un «verdadero» entrenador. Le habló del valor que el equipo y el entrenador aportaban a la escuela, mencionó los beneficios económicos tangibles y destacó la importancia de las mujeres en los puestos de liderazgo.

Jalonada por innumerables momentos a lo largo del camino en los que vio una injusticia y dio un paso para corregirla, Megan traza una línea directa entre momentos como esos y el trabajo con el tema del duelo que hace actualmente. Defender siempre ha sido lo que no puede dejar de hacer. Al igual que todos los *Sparketypes*, aunque a veces permanezca latente durante años o incluso décadas, el impulso está casi siempre ahí, esperando una razón, una invitación para ser el centro de atención.

El poder de los «incidentes incitantes»

El impulso del defensor siempre está ahí, aunque, para muchos, se mantiene un tanto silencioso o se cuece a fuego lento en la trastienda hasta que ocurre algo que desencadena su aparición. Por eso, desde afuera, puede parecer que un momento concreto convierte a alguien en defensor cuando, en realidad, siempre lo ha sido. Simplemente el impulso se ha reprimido o se ha expresado de modo restringido por diversas razones, como el estatus, la seguridad, el miedo, la ansiedad o el deseo de mantener la armonía, la pertenencia o un determinado beneficio.

El momento desencadenante no tiene que ver tanto con el devenir como con la activación o la amplificación. Despierta el impulso de salir de la sombra, o de entrar más plenamente en la luz, y hacer aquello para lo que estás destinado. Ese momento o experiencia puede ser singular y personal, o puede ser una serie de experiencias o un patrón sostenido que afecta a una amplia franja de individuos, comunidades o esfuerzos. Sean cuales sean los detalles, el momento o la experiencia se convierte en un incidente que incita. Desencadena el impulso del defensor para emerger a un nivel totalmente nuevo. Cuando el tema es, además, profundamente personal puede llegar al nivel de la vocación.

Deborah

Deborah Owens (defensora/científica) trabajó en ventas, liderazgo y desarrollo en el mundo corporativo. Llegó a ser Directora de Formación de una gran empresa operativa, propiedad de una empresa global. A lo largo de su recorrido, su sensibilidad la condujo a encontrar siempre formas de esclarecer los temas que no solo le importaban a ella, sino que consideraba que eran fundamentales para el crecimiento de cada empleado y de la organización, siempre con un enfoque centrado en la igualdad, la dignidad y el respeto. Quince años después, en la cima de su carrera, Deborah se desempeñó en un puesto en el que, a pesar del duro trabajo que había realizado en torno a la representación y la equidad durante más de una década, se sintió discriminada y personalmente atacada a un nivel que no había experimentado antes. Esta situación duró unos ocho meses, con consecuencias físicas y emocionales devastadoras. Deborah finalmente le planteó la situación al presidente de la empresa, que la resolvió inmediatamente. Aunque permaneció en la empresa y asumió funciones de liderazgo cada vez más poderosas, ese momento despertó algo en ella. «Me dije literalmente: "No quiero que nadie más tenga que pasar por esto, uno queda tan aislado...". Así supe... que iba a hacer todo lo que estuviera a mi alcance para asegurarme de que no le ocurriera a otra persona».

Esa experiencia se convirtió en un incidente que la impulsó a adoptar la defensa de la equidad, la raza y las organizaciones de una manera primordial. Deborah se alejó, se tomó un tiempo para recuperarse, reflexionar y reimaginar y, luego, a partir de su impulso como defensora, lanzó su propia agencia de consultoría, Corporate Alley Cat, como vehículo para defender la igualdad y la diversidad en las organizaciones, y también para crear y compartir herramientas y procesos (su chispa colaboradora de científica en el trabajo) que permitieran un cambio real y sostenido. «La gente estaba sufriendo —dijo—, y llegué a creer que había una razón por la que había pasado por esa experiencia... No lo sabía en ese momento... Pero sentí que tenía que hacerlo no porque fuera placentero, sino porque sabía que la gente sufría y también sabía que la gente no entendía ese dolor».

Muchos defensores, en algún momento, experimentan un impulso o incluso una serie de ellos que lo cambian todo. Estos momentos son catalizadores. Canalizan el impulso innato de actuar, junto con la experiencia, el conocimiento y las capacidades, hacia un punto focal —la justicia o la necesidad de cambio— que está tan profundamente alineado con sus valores, experiencia y creencias que les hace emprender un camino que perciben como «más grande que ellos mismos». Se sienten empujados no solo por una pulsión casi primaria de defender y amplificar, sino también por un sentido de responsabilidad que los lleva a desempeñar un papel, aun si tienen dudas y hubiera muchas otras cosas que podrían hacer. El incidente desencadenante concentra eficazmente el impulso difuso de defender, a menudo disperso en muchos momentos y áreas, en una llamada centrada en los valores. Cuando esto sucede, el defensor no solo cobra vida plena, sino que lo que sea que defienda también se beneficia con todo el peso de sus dones y esfuerzos, así como del sentido de abnegación y convicción que irradia.

Construir tu propio motor de cambio

Muchos defensores operan dentro de los límites y la dinámica de poder de una relación, la familia, una comunidad, una organización, una cultura, un paradigma o un grupo existente del que no quieren salir. Trabajan para lograr el cambio desde dentro, aprovechando las relaciones, las estructuras, los recursos, los sistemas, el valor social y el acceso a las partes interesadas para marcar la diferencia. Algunas grandes organizaciones, incluso, crean el espacio para ello, con tiempo y recursos específicamente asignados a esfuerzos que de otro modo serían «indefendibles». Me viene a la mente el 10 % de tiempo de Google. Otros, sin embargo, especialmente aquellos defensores cuyo *Sparketype* primario se combina con el de creador o científico, pueden estar más dispuestos no solo a defender un futuro mejor y diferente, sino también a alejarse de todo lo bueno y lo malo de la dinámica o el sistema existentes y construir algo totalmente nuevo que resuelva el problema de la manera como ellos quieren que se resuelva.

Linda

Linda Buchner (defensora/asesora) pasó los primeros veinticinco años de su carrera en el mundo de la publicidad y el marketing, ponía en foco las historias de organizaciones, productos y personas en casi todos los canales posibles. Era una profesional consumada, en la cima de su campo. Pero, al entrar en la edad media de la vida, su impulso de defensora empezó a tirar de ella en otra dirección. Quería dedicar su energía, junto con el increíble conjunto de habilidades que había desarrollado, a algo que marcara una verdadera diferencia. Quería que su vida «significara algo» más allá de los límites de su trabajo actual. Así que volvió a centrar su objetivo en la comunidad y el impacto social.

Linda también quería tener más control sobre los proyectos y las personas a las que apoyaba, así que lanzó su propia consultoría enfocada en el marketing de concientización para organizaciones sin ánimo de lucro. Le encantaba reunir a las diferentes partes interesadas y trabajar para contar la historia colectiva de una manera en la que todos crecieran juntos. En un momento dado, Linda sintió que debía dar un paso aún mayor: no solo quería abogar por una solución, sino que quería ayudar a crearla.

Linda había trabajado con organizaciones dedicadas a la educación comunitaria. Vio de primera mano cómo ciertas personas no estaban bien atendidas por el paradigma existente. Así que ayudó a reunir un equipo para crear un programa sabatino llamado Minddrive que se centraba en el aprendizaje experimental. Cada semana, un grupo de mentores se reunía en equipo y trabajaba con los estudiantes para construir un coche eléctrico desde cero. Durante el proceso, aprendían todo lo que necesitaban, desde matemáticas y ciencia, pasando por el diseño, la comunicación y el trabajo colaborativo. Linda se encargó de todo, desde la recaudación de fondos hasta la enseñanza a los estudiantes de diversos temas, como relaciones públicas, narración de historias, oratoria y otros aspectos. Aunque desde entonces se ha alejado de esa tarea, sigue trabajando de forma práctica con las organizaciones para ayudar a recaudar fondos y también para asesorar (su chispa colaboradora) en la creación de programas y soluciones de impacto.

Evan

Evan LaRuffa (defensor/experto), fundador de la iniciativa de educación artística I Paint My Mind, comparte un impulso similar: no solo pretende demandar el cambio, sino encarnarlo. Considera que la experiencia de la belleza, la provocación, la emoción, la expresión y la sensación de conexión y posibilidad que se obtiene al experimentar y crear en el arte son fundamentales para el florecimiento humano. Para él, limitar el disfrute y la expresión artística a un número reducido de personas perjudica no solo a todos los individuos que han sido excluidos de la experiencia, sino a la sociedad en general. El arte, en su corazón y en su mente, constituye un derecho humano. Este es el ideal que anima su impulso de defensor.

En lugar de trabajar con las limitaciones de los sistemas educativos o de las galerías existentes, Evan creó su propio modelo innovador: fundó la iniciativa de arte y educación pública I Paint My Mind (IPMM). Su misión es «transformar personas y espacios mediante el poder del arte... conectando artistas, empresas y comunidades para generar un impacto que cree valor e inclusión».

El enfoque del IPMM es radical y funciona. La fundación compra obras de arte de artistas locales poco representados. Esto les permite apoyar a los creadores, a la vez que conservan y crean una importante colección que, luego, venden a coleccionistas o alquilan a grandes organizaciones para que las expongan en sus oficinas.

Una parte de las contribuciones de las organizaciones clientes y de los coleccionistas se destina a financiar la compra de obras de arte y a llevarlas a comunidades, espacios públicos y escuelas desfavorecidas a través de la iniciativa Shared Walls™ del IPMM. Otra parte financia el desarrollo continuado de un sólido plan de estudios de arte para niños y jóvenes que se distribuye a profesores y escuelas en un momento en el que el arte no solo desaparece de las aulas, sino que también se elimina de la oferta educativa.

Para Evan, no se trata solo de arte, sino de equidad y justicia social. Se trata de corregir el hecho de que las escuelas de ciertos lugares no tienen fondos suficientes, lo que hace que el disfrute y la expresión del arte no estén presentes en la oferta educativa. Con IPMM, no solo ha creado un vehículo para defender el disfrute y la creación de arte en las comunidades desfavorecidas, sino que ha construido un ecosistema alternativo, que apoya a los artistas, las organizaciones, los profesores, las escuelas, los estudiantes y las comunidades de una manera que no existía antes.

El defensor introvertido

Al igual que los líderes, los defensores a menudo se sienten presionados por una cierta suposición social que sostiene que, para hacer su trabajo, los defensores deben ser extrovertidos, ruidosos y directos. No se trata solo de sostener un megáfono, sino de serlo. Eso funciona para algunos. El hecho es que muchos de los mayores defensores y creadores de cambios en la historia, el arte, la ciencia, el gobierno, la fe y la vida, o bien oscilan entre la exposición extrema y el enclaustramiento total, o bien hacen su trabajo desde un lugar más tranquilo, introvertido, sensible, colaborativo e interno. Encuentran formas de lograr lo que necesitan, pero también respetan su forma de vincularse socialmente para no acabar vacíos y terminar física y emocionalmente enfermos.

Glennon

Glennon Doyle, autora de *Love Warrior* y *Untamed*, es la fundadora del movimiento de cambio social y de la fundación Together Rising. A través de sus organizaciones y cuentas en las redes sociales, Glennon se une a otros líderes y activistas para impulsar lo que ella llama *Love Flash Mobs*, y, así movilizar a millones de personas para que apoyen causas específicas. Cuando estas campañas están activas, Glennon se muestra intensamente pública y comprometida, para amplificar la causa. Está en todas partes, en primera línea, compartiendo, interactuando, liderando. A primera vista, podría parecer una extrovertida furiosa. En realidad, es todo lo contrario.

Glennon ha aprendido a asumir el papel de defensora de una manera que le permite cultivar su introversión y cuidar de sí misma (aunque es una lucha bastante habitual). Gran parte de su trabajo lo realiza desde casa, detrás de una pantalla, compartiendo imágenes, vídeos y subtítulos, y organizando a otros líderes, personas influyentes y simpatizantes para que compartan el mensaje y reúnan a sus comunidades entre bastidores y pantallas. Cuando habla, también sabe que necesita retirarse para recuperarse o, de lo contrario, no tendrá las reservas necesarias para hacer el duro trabajo de generar cambios. Se aleja cuando lo necesita, para estar con su mujer, su familia y sus perros, y para cuidar de sí misma. Aun así, el impacto ha sido impresionante. Cuando se trata de expresar el impulso de tu defensor, no tienes que creerte la proclama de nadie sobre la forma «correcta» de hacerlo. Si te sientes con energía operando en modo extrovertido, y eso es sostenible, hazlo. Si no es así, si tienes la vocación de defensor, pero también te vinculas socialmente en un modo mucho más introvertido, cultívalo también.

Aprovecha la tecnología para encontrar el punto óptimo entre el impacto, la exposición y el esfuerzo sostenible. Invierte tus esfuerzos en conversaciones, negociaciones, presentaciones y otras interacciones más tranquilas e íntimas, pero igualmente importantes y generadoras de impacto, que te permitan sentirte plenamente expresado. Observa también tu *Sparketype* colaborador para encontrar pistas sobre los canales y las salidas. Haz arte o música (creador), resuelve problemas complejos (científico), vuélvete enciclopédico para buscar la raíz del problema (experto) y poder compartir tu sabiduría con otros defensores, crea sistemas y procesos (organizador) que permitan hacer más con menos esfuerzo. Ya lo has entendido. Hagas lo que hagas, si eres un defensor introvertido, no dejes que tu tendencia social se interponga en tu impulso de marcar la diferencia.

¿CON QUÉ OBSTÁCULOS TE ENFRENTAS?

Los defensores de los derechos humanos suelen tener una voluntad férrea en su corazón y sus acciones. Esta es una de las cualidades que les permite ser eficaces en el trabajo de defensa, pero también puede hacerlos tropezar de diferentes maneras. Una gran parte de su trabajo consiste en identificar y sentir el peso de la desigualdad, aunque sea simplemente la constatación de que hay una forma mejor de hacer algo. Lo que por sí solo puede ser difícil, particularmente si ellos o sus ideas e ideales soportan simultáneamente la carga de la defensa y la fuerza del daño. A esto hay que añadir la vocación y el esfuerzo necesario para defender y amplificar, para liderar y, a veces, construir o encarnar el cambio. Convocar la atención y cambiar las creencias de la gente, las ideas, las estructuras, las historias y los paradigmas puede convertirse en una tarea bastante pesada y ciertas dinámicas pueden aumentar ese esfuerzo. Resulta útil tener una idea de las experiencias habituales que puedes enfrentar en el camino para estar mejor equipado y manejarlas, si surgen.

Falta de control

Los defensores tienden a ser bastante firmes en sus creencias y enfoques. Por eso, la decisión tomada por un comité, la conversación interminable y la inacción, en lugar de la decisión y la acción coherente, pueden ser difíciles de manejar para ellos. Cuando se aboga por una dinámica de alto riesgo, dogmática, inflexible o compleja, esto casi siempre se convierte en un problema, especialmente, cuando se ve que el daño continúa ocurriendo y el tiempo es esencial. Del mismo modo, tener poco control sobre los recursos necesarios para defender a quienes se representa, o no tener suficiente control sobre la llamada a la acción, el proceso o el resultado puede ser increíblemente frustrante. Este es un reto no solo para los jóvenes defensores, sino también para muchos defensores experimentados que trabajan en organizaciones o sistemas perpetuamente faltos de recursos, privados de derechos o ignorados.

Stephen

Stephen Haff (defensor/tutor) era profesor de un instituto público de Nueva York en Brownsville, Brooklyn. Al comienzo, se esforzó en casi todos los niveles, trabajó dentro de un sistema que parecía construido más en torno al orden y el control que al crecimiento. Intentar crear y mantener un entorno seguro e inspirar a los alumnos para que acudieran a clase, participaran, se comprometieran con el trabajo y compartieran sus experiencias fue una batalla perdida eterna. Era increíblemente frustrante. Recibía poco apoyo de sus colegas y directivos cuando proponía ideas alternativas, no porque no les importara, sino porque se enfrentaban a las mismas limitaciones y a la falta de apoyo y control. Sus alumnos no aprendían. La única cosa para la que Stephen estaba allí, simplemente, no ocurría.

Un día, llevó a su clase cuadernos en blanco, entregó uno a cada alumno y los invitó a escribirle lo que quisieran y les prometió que les contestaría. Cada día, los alumnos entregaban los cuadernos llenos de escritos e imágenes de la noche anterior. Él se los llevaba a casa y les respondía. Así se ganaba la confianza de sus alumnos, los conocía y les demostraba que se preocupaba por ellos. La experiencia fue transformadora, pero también le llevó muchas horas cada noche. Sumado a la ya pesada carga de trabajo de la enseñanza pública, leer y responder atentamente a docenas de alumnos, muchos de ellos en situación de extrema necesidad, lo llevó al borde de la enfermedad mental. Tuvo lo que él describe como una crisis nerviosa. Para recuperar su propia salud mental, se apartó de la enseñanza, pero nunca dejó de pensar en cómo servir mejor a los niños.

Unos años más tarde, desde una mejor posición, comenzó a reconstruirse, pero en sus propios términos. Quería seguir defendiendo y mejorando la vida de los estudiantes más desfavorecidos del barrio, a menudo hijos de inmigrantes. Sabía que no podían pagarle, así que empezó simplemente corriendo la voz de que enseñaría a leer y escribir una vez a la semana en una pizzería local, de forma gratuita. Solo había una regla: todo el mundo escucha a todo el mundo. Todo el mundo tiene voz. Creó un marco de contención para que cada niño fuera escuchado y pudiera abogar por sí mismo. Empezaron a acudir niños de todas las edades. En poco tiempo, su proyecto superó a la pizzería y empezó a atraer la atención de aquellos que creían en su trabajo y que se convirtieron en mecenas, de modo que le permitieron abrir su propia escuela de una sola aula.

Los niños idearon el nombre de *Still Waters in a Storm* (Aguas tranquilas en la tormenta), un guiño al lugar seguro que la escuela proporcionaba no solo para aprender, crecer y sentirse seguro compartiendo su trabajo, sino para desarrollar un sentido de pertenencia. Cuando se encontró con una asfixiante falta de control sobre su capacidad para hacer lo que estaba programado, Stephen creó un paradigma totalmente nuevo para el aprendizaje, que no solo sirvió como una salida para su profundo deseo de enseñar, sino que también defendió el anhelo de los niños de ser vistos, escuchados, aprender y crecer.

Nada es verdaderamente binario

Además de tener un pensamiento con un único propósito, los defensores también pueden tender al pensamiento binario, miran a todos los demás y piensan: «O estás a favor de esto o estás en contra». El problema es que rara vez esa es la realidad. Parte del trabajo del defensor es vivir momentos, circunstancias, entablar relaciones e interacciones, entendiendo que pocas cosas son realmente binarias. Todo, desde las creencias y la identidad hasta las alianzas y las acciones, se encuentra en un espectro. La pregunta nunca es: «¿Estás con nosotros o contra nosotros?», sino: «¿Hay alguna forma de hacer esto en la que ambos podamos ganar?».

Una idea singular, contraria a la intuición, es que los defensores más eficaces no suelen ser aquellos que elevan la voz desde las trincheras, sino aquellos que invitan a matizar y comprender en nombre del movimiento y la transformación.

Trystan

Trystan Angel Reese es marido, padre, trans y defensor de la igualdad. Cuando él y su marido decidieron compartir su historia de embarazo, tanto en Internet como en el mundo «real», muchos no respondieron amablemente. La gente le negó no solo su derecho a existir, sino que existiera. Durante años, Trystan había trabajado como defensor de los derechos de la comunidad LGB-TQIA+ sobre el terreno, tocando puertas con la intención de crear primero seguridad y comprensión y, luego, si era posible, apoyo a los cambios de políticas destinadas a lograr la igualdad.

Su enfoque se basa en un proceso de conversación estudiado y probado, que abre la puerta a la comprensión y, potencialmente, al cambio, y en el que se han formado muchos políticos, líderes de campaña, y defensores. Este enfoque también es muy similar a los métodos utilizados por muchos de los vendedores más eficaces en el ámbito empresarial. Para Trystan, esto comenzó con la curiosidad y la empatía, luego llegó a la comunidad y, cuando se presentó la oportunidad, la apertura a un nuevo punto de vista.

Aprendió que algunas personas estaban tan atrincheradas que no era posible mantener una conversación civilizada y abierta. Otros, sin embargo, empezaron viendo a Trystan y al mundo que representaba de forma diferente, se mostraron cautelosamente abiertos a aprender más e incluso agradecieron la oportunidad de comprender mejor los problemas, a él y lo que realmente estaba en juego.

Empezar desde un lugar de apertura, de comunión y ver a las personas no de forma binaria, sino en un espectro de comprensión y potencial entendimiento mutuo, de conexión y de posibles alianza marca la pauta para la posibilidad de un cambio sostenido.

Trystan, que estaba destinado a realizar este trabajo, lo convirtió no solo en su ocupación, sino también en su vocación, y estuvo dispuesto a asumir la carga de abogar por el cambio.

Dicho esto, si la persona que hace el trabajo de defensa o persuasión es también la que sufre el daño de las mismas personas, sistemas o paradigmas a los que trata de persuadir, directa o indirectamente, hacer el trabajo de comprender, ser empático y acercarse puede convertirse en una acumulación de capas de carga de trabajo que injustamente se van depositando en la psique del defensor, que ya están soportando demasiado.

¿Quién soporta la carga de la defensa?

Ya sea defendiendo una idea o a un equipo en torno a una mesa de conferencias, o impulsando una ley que reconozca la igualdad y la protección de una comunidad que ha sido desprotegida, o liderando una comunidad o un equipo, la labor de defensa requiere trabajo. A menudo, es necesario invertir enormes cantidades de trabajo, recursos, sacrificio y emociones durante un largo periodo.

La pregunta es: ¿quién soporta más a menudo esa carga? ¿Y quién debería soportarla?

La respuesta es complicada.

La labor de defensa comienza con el llamado de atención, luego, pasa a la persuasión y, por último, exige una acción. Como principio general, en las relaciones personales, en los negocios y en la vida, la carga de la persuasión recae en aquel encargado de persuadir. Por lo general, no solemos vendernos a nosotros mismos un nuevo conjunto de creencias, comportamientos, acciones, productos, soluciones o cosas cuando las que tenemos nos proporcionan cierta comodidad. Lo aceptamos cuando se trata de vender un coche, presentar una idea o un proyecto en un contexto laboral, pedir un aumento de sueldo, explicar por qué somos un buen candidato para un trabajo, una universidad, un cliente o que merecemos un préstamo. Pero cuando ampliamos la lente a cuestiones sociales más generales, las cosas cambian. Los «principios generales» tienden a desmoronarse, ya que la equidad exige un examen matizado de la carga que supone la defensa de los derechos, especialmente el esfuerzo educativo, el trabajo emocional y la compasión que, a menudo, son una parte esperada de esta carga.

¿Qué pasaría si las circunstancias que conducen a la defensa de los derechos implicaran a personas, comunidades o poblaciones que, en este mismo momento, se enfrentan a retos insuperables? ¿Y si el defensor es una de esas personas? ¿Y si forma parte de una comunidad más amplia que experimenta un daño similar en ese mismo momento y el cambio por el que aboga requiere que aquellos que lo están causando activamente o son cómplices del daño cambien sus creencias y acciones? ¿Quién soporta entonces la carga de la defensa y la persuasión? ¿Es correcto esperar que un individuo o una comunidad que ha sido o está siendo perjudicado realice el trabajo necesario para convencer a los que le causan dolor de que dejen de hacerlo?

Respuesta corta: no. No es su trabajo guiar a otros a través de un proceso de tomar consciencia del daño que están causando directamente, o indirectamente al hacer la vista gorda, e incluso beneficiándose de él. Es un error inexorable y agotador. Y, sin embargo, es lo que a menudo se pide y se espera en una gran variedad de contextos.

Para muchos defensores, el progreso es mala palabra

Partiendo de una perspectiva binaria, los defensores pueden tener la tendencia a ver los progresos de una manera demasiado maniquea también. Los resultados que no satisfacen todas las expectativas se ven como auténticos fracasos. Parte del trabajo del defensor es cultivar la apertura y la capacidad de discernir cuándo algo es suficientemente bueno o no lo es, o cuándo es una señal de progreso y, aunque el resultado final todavía esté por llegar, está bien sentirse orgulloso y satisfecho de los logros que se obtienen en el camino. Esto es así tanto si se defiende un cambio de política en el trabajo, que conduce a un documento de trabajo o de un comité, como si se intenta vender una actualización del sistema de toda la empresa a un cliente que, finalmente, termina con una actualización incremental más modesta, o si se presenta a un inversor una idea, que lleva a una reunión de seguimiento con el consejo de administración en pleno, en lugar de la deseada hoja de condiciones y el cheque.

Al final, lo mejor que puede hacer un defensor es lo mejor que puede hacer. Eso a veces significa que no han logrado lo que buscaban. Está bien sentir descontento e incluso pena. Pero, en el contexto de la oportunidad de hacer lo que haces lo mejor posible, en el fondo, si sabes que te has presentado y has dado todo lo que tenías para dar, puedes y debes sentir la tranquilidad de saber que has dedicado tu tiempo a hacer lo que está destinado a hacer, y lo has hecho lo mejor posible. Puede que no hayas logrado la lista completa de lo que te proponías, pero, particularmente cuando la labor de defensa aboga por un cambio complejo y de larga duración, cada paso adelante es importante.

Parte del reto y del trabajo de ser un defensor es ser capaz de discernir la diferencia entre una acción alineada y un resultado exitoso. Cada una de ellas contribuye con tu capacidad de sentirte plenamente vivo. Nunca se trata del todo del resultado, sino más bien de cómo te has puesto a trabajar, a quién o qué has levantado en el camino, y si la aguja se ha movido, aunque no completamente.

Cuando dar todo te deja sin nada

Por último, los defensores, como sabemos, son intensos. Incluso cuando son más tranquilos y más introvertidos. Aunque hacer lo que están destinados a hacer les da energía, cambiar las creencias y defender los resultados puede ser un trabajo increíblemente duro. La intensidad requiere energía. De hecho, dependiendo del grado de conexión personal que tengas con el objetivo de tu defensa, puede llegar a consumirlo todo.

A veces, la combinación de esfuerzo y de grandes apuestas puede dejarte emocional, psicológica y físicamente agotado. Es muy importante crear mecanismos para evaluar tu estado de ánimo y cultivar prácticas que te permitan recargar tu reserva de energía con regularidad. Si te estás desmoronando, te resultará extremadamente difícil hacer tu trabajo. Esto no se refiere solo a los defensores que tratan cuestiones sistémicas vastas y complejas. Puede aparecer en cualquier ámbito, personal o profesional, en el que el impulso se exprese en el contexto de un trabajo que es, por su propia naturaleza, profundamente emocional, de alto riesgo y estresante.

Michele

La doctora en medicina de urgencias Michele Harper (defensora/líder) entra en la vida de las personas en momentos de extrema necesidad, las ayuda a curarse y les da esperanza. Al terminar su residencia, eligió trabajar en hospitales con pocos recursos en comunidades desatendidas. Como mujer negra que ejerce la medicina, Michele ya era muy consciente del abismo que existe en el modelo de la profesión y de cómo este modelo afecta no solo al nivel de atención que se presta a las comunidades, en su mayoría negras y morenas, a las que atiende, sino también a la dignidad y la seguridad que se les otorga a ella y a sus colegas.

Michele no tomó la decisión de dedicarse a la medicina solo por curar a los pacientes, sino por justicia. Quiere estar en un lugar en el que pueda defender la igualdad de acceso a la atención sanitaria y asegurarse de que sus pacientes son vistos, escuchados, atendidos y tratados en igualdad de condiciones por los profesionales sanitarios. No solo llama la atención sobre la necesidad de un cambio, sino que participa, lo lidera y lo encarna todos los días.

En su exitoso libro de memorias, *The Beauty of Breaking*, Michele comparte muchas de las formas en que se manifiestan estas desigualdades. Hacer este trabajo es su vocación, pero también es, a veces, una manera de servir psicológica y físicamente extenuante. Cuando llegó la pandemia, esta enfermedad tan peculiar incrementó la desigualdad, al mismo tiempo llevó a Michele y a sus colegas al límite, con horarios implacables, exposición a la enfermedad y un agotamiento total. Esto reforzó las lecciones que Michele ya había empezado a entender sobre el autocuidado y la tarea de autopreservación. Si quieres estar en posición de servir, necesitas cultivar también las prácticas que te dan la ecuanimidad, la energía, la vitalidad y la presencia de ánimo que te sostienen a través de la experiencia, a menudo difícil, de trabajar por un ideal o un bien mayor. Su compromiso con sus pacientes, sus colegas y la comunidad la obligó a redoblar su compromiso con su propio bienestar como elemento clave de su capacidad para seguir haciendo el trabajo que debe hacer.

MUÉSTRAME EL DINERO

Para algunos, hay un camino bastante convencional y obvio para monetizar o ganarse la vida, que no solo permite que su defensor interior se exprese, sino que, incluso, lo requiere. Me vienen a la mente trabajos como el de abogado, lobista, vendedor, defensor público o defensor del paciente, vocero, evangelista, portavoz, cooperante, embajador, etcétera. Sin embargo, es menos obvio el hecho de que la capacidad de comunicar, amplificar y persuadir tenga un enorme valor en casi cualquier otro entorno, función u organización. En casi todos los ámbitos, las ideas, las soluciones, las personas, las partes interesadas, las comunidades, los proyectos y los ideales necesitan atención, poder e impulso. Muchos campos valoran esta capacidad y la compensan bien.

Un elemento esencial de la defensa es la representación y la persuasión. Los defensores llaman la atención y promocionan una idea, un ideal, un mecanismo o un resultado que, a menudo, no solo requiere la comprensión puntual, sino también un cambio de mentalidad, incluso un cambio más profundo en las creencias que conducen a la acción. Esa capacidad se valora en casi todos los ámbitos. No importa si te llamas a ti mismo defensor o activista, agente, líder, publicista, editor, productor, periodista o cualquier otro papel. Como para todo *Sparketype*, los títulos son en gran medida irrelevantes. Se trata del impulso que te mueve y de la oportunidad de ponerlo en práctica. Muchas de esas oportunidades surgen en ámbitos que están ligados no solo a la posibilidad de hacer brillar una luz y marcar la diferencia, sino también de tener una vida muy agradable. Si todavía no has encontrado un ámbito específico que oriente tu impulso hacia un interés profundo y que se traduzca en una vocación, la simple oportunidad de ejercerlo de forma regular puede ser increíblemente enriquecedora. Dicho esto, puede haber ocasiones en las que el impulso encuentre su salida más personal y convincente en una idea, persona, comunidad o ideal que no se conecte de manera convencional con ingresos sostenibles. Tal vez te sientas llamado a defender la creación o el mantenimiento de un jardín local o, a mayor escala, la conservación de la selva amazónica o de los parques nacionales. Puede que te sientas llamado al activismo o incluso al voluntariado en un hospicio local para ayudar a humanizar los cuidados al final de la vida de personas en comunidades con pocos recursos.

Parte de este trabajo puede ser sostenible a través de puestos en organizaciones privadas o sin ánimo de lucro, subvenciones u otras contribuciones. A veces, podrás idear formas de crear tus propios mecanismos de financiación o soluciones que otros podrían patrocinar. El patrocinio, la recaudación de fondos o las fundaciones pueden servir para que aquellos que comparten tus valores y creencias apoyen tu esfuerzo. Otras veces, sin embargo, este trabajo puede no tener un camino fácil para conseguir dinero, aunque sea profundamente útil, necesario y valorado. En esos momentos, los defensores pueden tener que tomar decisiones sobre el porcentaje de su tiempo que se dedicará a una forma particular, simplemente porque es lo que no pueden dejar de hacer, independientemente de la compensación, de acuerdo con la necesidad o el valor que le otorguen a la comodidad y la seguridad financiera en un campo con una vía más clara para obtener una compensación.

De cualquier manera, es extremadamente difícil para los defensores sofocar completamente el impulso. Tanto si se trata de la vocación central y la principal fuente de ingresos, como de algo que haces a cambio de una compensación insuficiente, o de algo que haces porque es lo que sientes que debes hacer, o alguna combinación de estas modalidades, asegúrate de crear formas para que el impulso se exprese. Cuanto más tiempo permanezca sofocado en tu interior, más daño acabarás haciéndote a ti mismo.

EL
TUTOR
Tú, en pocas palabras

ESLOGAN
Te cuido.

Impulso motivador

Los tutores tutelan. Cuidan, acogen, ofrecen apoyo, te ven, te escuchan, te abrazan, te nutren. Te ayudan a levantarte y caminan a tu lado cuando los necesitas. Te ayudan cuando estás pasando por algo (que, a veces, son etapas enteras de la vida). Ven y a menudo sienten el malestar, el dolor y el sufrimiento de los demás, y tratan de aliviarlos de una manera muy personal y directa, no porque se les pague por ello (aunque puede ser el caso), sino porque no pueden dejar de hacerlo.

De hecho, este *Sparketype* a menudo encuentra una poderosa salida en actividades no profesionales, expresadas como un deseo de ayudar a amigos, a extraños, a animales o, incluso, a poblaciones enteras o ecosistemas, cuyo dolor simplemente no pueden presenciar sin hacer algo al respecto. Cuando tienen la oportunidad de prestar atención, y ser testigos o incluso partícipes de la diferencia que hacen, y aunque nunca se les agradece directamente, se refugian y sienten una profunda satisfacción al saber que han hecho lo que estaban destinados a hacer. Los tutores también tienden a ser profundamente empáticos. Muchos han sido así desde que tienen uso de razón. A veces, en detrimento suyo; sienten el malestar, el dolor o el sufrimiento de los demás a un nivel que los paraliza, en lugar de movilizarlos. Perciben a los necesitados y se sienten llamados a ayudar de la manera que sea, a veces hasta el punto de dar tanto que no queda nada para ellos.

Para algunos tutores, el despertar de la vocación está relacionado con un solo ser, un ser vivo o un grupo, una comunidad o una población concretos. Puede tratarse de un familiar anciano, un niño necesitado, un animal en un refugio o un bosque antiguo. Para otros, el anhelo de cuidar y contener se concibe de forma más amplia. Cualquier persona o cosa necesitada se convierte en un ancla para su impulso. Y todo lo que se interpone en el camino se convierte en una fuente de dolor o, para algunos, en un desencadenante de la creatividad. Sin embargo, lo que la mayoría de los tutores acaba descubriendo es que su oferta más valiosa no es su mundo o sus acciones, sino simplemente su presencia, su dedicación y su atención. Los tutores te ven, te sostienen y te hacen saber que no estás solo.

Jen

En el interior del antebrazo izquierdo, a pocos centímetros de la muñeca, Jen Pastiloff (tutora/maestra), tiene un tatuaje. Dos simples palabras en tinta negra: «Te tengo». En el momento en que la conoces, te das cuenta de que sí. Simplemente porque estás vivo. No hay nada que tengas que hacer, ni ser, ni en lo que tengas que convertirte. El simple hecho de existir te da un lugar en su corazón.

Desde que tiene memoria, Jen ha sentido lo que sienten los que la rodean. Eso puede ser algo muy bueno. Le permite participar en sus éxitos como si fueran suyos, y percibir cuándo y cómo acompañarlos cuando necesitan ayuda. También puede ser algo duro. Siente su dolor, a menudo, como si fuera el suyo.

Cuando Jen te mira, te capta completamente. Dentro de ti. Y a través de ti. Quiere saber lo que hay bajo la superficie. Detrás de tus ojos, en tu corazón. Durante años, sirvió mesas en Los Ángeles para pagar las facturas mientras intentaba entrar en el negocio del entretenimiento. La oportunidad nunca llegó, pero sus clientes la querían y se sentían queridos por ella. Siempre se inclinaba no solo para escuchar sus pedidos, sino para compartir momentos de sus vidas. Le importaban mucho, pero había algo más, otra razón por la que Jen se ponía a su nivel y se acercaba a ellos.

Jen es sorda. Quiere verte, acercarse a ti, en parte, para poder oírte con sus ojos y sentirte. Sus clientes nunca lo supieron. Sucedió lentamente, a lo largo del tiempo. Se decía a sí misma que no ocurría, hasta que no pudo seguir ocultándoselo a sí misma. Con los años, Jen aprendió a leer los labios como forma de mantenerse conectada a un mundo que cada vez era más silencioso. Resulta que esta capacidad, la habilidad de hiperfocalizar su atención e intención, de no solo ver las palabras, sino también captar los gestos, las emociones y la energía, aunque perfeccionada en las cocinas y el caos de Los Ángeles, se ha convertido en algo más que un mecanismo de supervivencia o un modo de comunicación. Es una especie de superpoder de tutora, una línea de unión bidireccional entre su alma centrada en el corazón y cualquiera que tenga la suerte de perderse en el hechizo de su presencia. Ser sostenido por su mirada es, simplemente, ser sostenido.

Actualmente, después de años de una trayectoria en constante evolución, dejó el restaurante, se casó, tuvo un hijo, y luego ocupó un puesto como maestra, mentora y entrenadora (su chispa colaboradora es la de maestra; ella esclarece y aclara, en gran parte para educar), Jen ha centrado sus intenciones y esfuerzos en gran medida en la comunidad de mujeres, muchas de ellas en la edad media de la vida. Dirige talleres y retiros internacionales sobre meditación, asistencia y apoyo, creatividad, escritura y libertad. Su primer libro, *On Being Human: A Memoir of Waking Up, Living Real, and Listening Hard*, fue una conmovedora ofrenda de tutora, en el que se despliegan no solo las capas de la historia, sino también la información que permite a los lectores explorar su propio camino hacia el despertar. Los abrazos, las risas y las palabras de Jen te hacen más sabio. Pero, a fin de cuentas, es su capacidad y su compromiso de verte, de verte de verdad, de permitirte que te sientas abrazado y valorado, lo que no solamente te pone de pie, sino que permite que tanto tú, y ella junto contigo, cobres vida plenamente. Si le preguntas a Jen por qué está aquí en el planeta, su respuesta es sencilla. «Al final de mi vida, cuando me pregunte un último *¿Qué huella he dejado de mi vida?*, que mi respuesta sea: "He dejado amor"».

Encontrar tu expresión singular

Al igual que Jen, algunos tutores están llamados a cuidar de casi cualquier persona que esté sufriendo. Aunque su enfoque en esta época de la vida se ha reducido un poco a una comunidad de mujeres en la edad media de la vida, siente el malestar y el sufrimiento en casi todas las interacciones con el mundo que la rodea y se siente obligada a ayudar, a menudo sosteniendo a completos desconocidos en un momento de necesidad. Otros pueden encontrarse con una conexión empática directa y con el deseo de servir a una persona, un ser o una comunidad en particular, y no sentirse demasiado afectados o fuertemente convocados por ninguna otra necesidad. El impulso, al parecer, puede ser de amplio alcance o muy selectivo. Otros tutores sienten que deben intervenir en un momento determinado, cuando creen que pueden ser más útiles y marcar la mayor diferencia, y también puede darse una combinación de todo lo anterior.

Chris

El fundador de la Barefoot Rehabilitation Clinic, Chris Stepien (tutor/científico), se formó originalmente como quiropráctico, aunque su conjunto de habilidades y su experiencia se han ampliado durante décadas con un enfoque multimodal para el tratamiento del dolor. Es único en sus habilidades y profundamente empático. Lo siente todo, de todo el mundo. Durante años, eso se manifestó como un impulso general de asumir el dolor de los demás, sin importar quién, cómo o cuándo. Pero a partir de la reflexión, Chris ha reducido su enfoque para atender a una persona específica, de una manera muy específica, en un momento específico. En sus clínicas, hay un proceso de selección antes de ser aceptado como paciente. Entre otros criterios, una persona debe padecer dolor crónico, haber intentado ya resolverlo y haber fracasado con, al menos, otros tres profesionales. Chris quiere los casos más difíciles, los que están marcados por el tipo de dolor que hace que la mayoría de los demás profesionales de la sanación se desesperen.

En su juventud, cuando se enfrentaba con su propio despertar y luchaba contra la depresión, trabajar con pacientes que atravesaban situaciones graves era lo suficientemente significativo como para sacarlo de la cama. Ahora, desde un lugar más sano, esta vocación está impulsada más por el deseo de servir en el momento de mayor necesidad, cuando él puede hacer la mayor diferencia. Es a la vez un reflejo de su impulso de tutor, llamado a actuar de una manera muy específica, y de su chispa colaboradora de científico, que busca el reto de resolver los casos más complejos.

Sin embargo, tras haber aprendido a hacer lo que está destinado a hacer de forma que le permita mantenerse sano, antes de aceptar un cliente, hay una última cuestión. Al terminar la consulta inicial, pregunta: «¿Has sufrido ya bastante?». No está siendo simplista. Simplemente quiere saber si estás preparado para dejar atrás tu dolor. Ha aprendido que nada de lo que haga puede ayudar si no estás preparado para abandonar lo que, para muchos, se ha convertido en la relación más íntima de sus vidas. No le asustan los casos difíciles. Solo quiere saber que, si dices que sí y se dedica a tu curación, estás preparado para acompañarlo. Así es como se mantiene en su papel de tutor, ayudando a las personas a atravesar el dolor y alejarse de él, al tiempo que se protege de su propio sufrimiento y permite que su impulso se exprese plenamente.

Los tutores suelen hacer su trabajo de formas no tradicionales

Cuando se piensa en los tutores, a menudo se da por sentado que están limitados a ciertas funciones en las que dar o cuidar es la principal descripción del trabajo. Se suele evocar la imagen de un abrazo que camina siempre sonriente, con un chándal de lana y zapatos cómodos, deambulando y siendo cariñoso con todos. Puede ser el caso para algunos, pero no tiene por qué serlo para todos. El impulso a menudo suele expresarse en el contexto de trabajos, funciones o carreras que se benefician enormemente, aunque no lo pidan o requieran explícitamente. Y puede aparecer en personas que sienten la pulsión de sostener a los demás, pero no sienten la necesidad de hacerlo de la manera como la mayoría de los demás podría predecir.

Teri

Teri Pruitt (tutora/experta) encontró una salida para su impulso de tutora de una manera muy específica y única. Para ella, no se trata tanto de aliviar el sufrimiento como de crear una atmósfera de cuidado y contención. Teri es vestuarista en Broadway. Trabaja con elencos de actores de los más importantes espectáculos de la gran avenida del teatro, recientemente en el espectáculo *Wicked*.

Por su actividad, se podría pensar que los actores se presentan, que Teri les ayuda con el vestuario, que se van corriendo a la peluquería y al maquillaje y, luego, salen al escenario. La verdad es todo lo contrario. La relación de Teri con sus actores es sagrada. Son, como ella dice, «mis» actores. No en un sentido posesivo, sino en un sentido de contención. Teri es la primera persona que cuida a los demás en la comunidad de intérpretes, equipo de apoyo de detrás del escenario y de delante de la sala. Es la que da la bienvenida a sus actores «a casa» todos los días, los invita a entrar y aprende todo lo que puede para que se sientan seguros, acogidos, centrados, vistos y completamente rodeados de amor y cuidado. Vive y sirve en el punto óptimo de la atención exquisita y la generosidad de espíritu, haciendo todo lo que puede para permitirles estar en su mejor momento cuando más importa.

Si un actor comparte su preferencia por la miel en su té de jazmín, no tendrá que volver a pedirlo, simplemente estará ahí. Un actor puede preferir las bromas divertidas; otro, la reflexión tranquila. Ninguno de ellos tiene que decírselo a Teri; ella se da cuenta de sus preferencias y, en cada interacción posterior, las respeta. Como vestuarista, no solo ayuda con el vestuario, sino que ayuda a su gente a meterse en un personaje o papel o modo de ser. El tacto es una parte importante de su trabajo. Con lo que hace, debe serlo. Teri, una vez más, observa cómo responde la gente, se comporta de manera más física cuando esto se recibe como contención y menos cuando no se recibe de ese modo. En su mente, está ahí para ofrecer actos de servicio que permitan a las personas saber que se las ve, que son importantes, que se las conoce y se las cuida.

Curiosamente, aunque Teri se centra por completo en sus actores en el momento, también es consciente del potencial que tiene el gran teatro para poner en marcha una mayor atención y del papel que ella desempeña. Cuida de sus actores, que, a su vez, cuidan de la historia, la que, cuando es interpretada por un elenco y un equipo que dan lo mejor de sí mismos, crea un momento de trascendencia, de despertar y de revelación para el público. Una cucharada de miel cruda de Manuka en una taza favorita de té de jazmín es la gota en el estanque que deja a los espectadores de la antepenúltima fila de la segunda planta conmocionados de la mejor manera.

Esa es su vocación, su contribución, aquello que la nutre y su salvación.

No siempre es cuestión de abrazos

Al escuchar las historias anteriores, se podría suponer que todos los tutores son personas cálidas y suaves, con el corazón a flor de piel, destinadas a encontrar su camino en las profesiones de ayuda tradicionales. Muchos lo hacen, pero el hecho de que este sea un camino obvio no significa que los tutores tengan que limitarse a él. Tampoco significa que todos sean unos hippies emocionalmente efusivos y sensibleros al máximo (o en parte). Al igual que todos los *Sparketypes*, su capacidad de ofrecer empatía, compasión y contención atraviesa casi todos los campos, industrias o títulos. Lo que es común y consistente en todos los canales de expresión es el compromiso con la relación, con la creación de un sentido profundo y duradero de confianza, seguridad y, a veces, amor, en apoyo de la forma de servir. De hecho, una parte saludable del beneficio que proporcionan los tutores se deriva no solo de lo que hacen, sino también de lo que son, de lo presentes que pueden estar y de lo genuina y duradera que llega a ser su relación. Estas cualidades se dan por igual en el despacho del terapeuta y en la mesa de conferencias.

Sarah

Sarah Geddess (tutora/defensora) dirige la agencia de comunicación Press + Post, con sede en Calgary. Su actividad se centra en las relaciones públicas con especialización en la preparación y gestión de crisis, y sirve sobre todo a pequeñas empresas y empresarios. Su trabajo consiste en cuidar a sus clientes durante los inciertos vaivenes de la creación de una empresa y las crisis que, para muchos, están siempre a la vuelta de la esquina. No es una cuestión de «si», sino de «cuándo» y «cómo».

Es fácil ver cómo su *Sparketype* de tutora y defensora se alinea bien con este trabajo. Cuando las cosas se vuelven volátiles y los fundadores y los equipos sienten que sus mundos están fuera de control, contar con alguien que tenga la habilidad de guiarte y defender tu nombre, así como el impulso de cuidarte en todo momento, es algo bueno. Sarah va un paso más allá. A lo largo de los años, ha aprendido que el dolor de enfrentarse a una crisis cuando se está en ella es mucho menor si ya se ha anticipado y preparado para enfrentarla de antemano. Por eso, su cuidado ha adoptado un enfoque preventivo.

Trabaja con fundadores y equipos para identificar todo lo que podría colapsar, describir la pesadilla en toda su amplitud, el peor de los casos, aunque la probabilidad de que ocurra sea escasa. Puede parecer contradictorio hacer esto. ¿No estaría provocando que sus clientes cayeran en la angustia y el sufrimiento por algo que quizá nunca se convierta en realidad? Se supone que un tutor debe hacer lo contrario, ¿verdad? Eliminar el dolor, no causarlo. No tan rápido.

Una vez que Sarah ha identificado y guiado a un cliente a través de su peor escenario, trabaja con él para desarrollar un plan estratégico preventivo. Esto se convierte en una hoja de ruta que detalla exactamente lo que hay que hacer, las acciones paso a paso, los recursos y los mensajes, y les muestra cómo, incluso en la crisis, estarán bien. El proceso en sí puede provocar ansiedad, pero el resultado les permite respirar más tranquilos sabiendo que, si ocurre lo peor, saben qué hacer y tienen a alguien en quien confían que estará a su lado. Es una de las formas de hacer que se sientan atendidos, lo que siempre ha sido su principal impulso. No se trata de una forma de acompañamiento enfocada en la sensibilidad, sino más bien de una presencia segura y con los pies en la tierra, junto con un conjunto de habilidades inteligentes y racionales. A Sarah, ser capaz de servir a ese nivel es lo que la hace brillar.

Billy

Billy Michels (tutor/maestro) encontró en la fotografía una salida para su impulso de tutor. Cuando el padre de Billy, que era un legendario narrador, murió hace unos años, Billy se dio cuenta de que no tenía ningún vídeo de él, lo que profundizó su sensación de dolor y de pérdida. Aprovechando su pasión por la fotografía y la videografía, su impulso de tutor lo llevó a preguntarse cuántas personas tenían la misma sensación de pérdida. Quería ayudar, así que puso en marcha un proyecto de fotografía y vídeo llamado ShineLight Legacy, que produce vídeos de estilo documental como homenajes, reflexiones y recuerdos. No solo quiere crear un vídeo que ofrezca un consuelo constante, sino que también quiere que los que participan en él se sientan vistos, escuchados y contenidos durante todo el proceso de creación. Mientras creaba esta misma empresa, Billy se enfrentó a un diagnóstico de cáncer en fase 4. Ahora que está sano, la experiencia transformó su enfoque sobre el trabajo, la vida, las relaciones y su propio sentido del legado. Además de su trabajo en ShineLight Legacy, ahora integra su chispa colaboradora para enseñar a otros cómo abordó su propio viaje de curación, para que puedan aprender de sus ideas y reconfortarse con ellas.

La tutoría realmente toma todas las formas y encuentra un camino de expresión en casi todos los ámbitos laborales y de la vida. Nuestro trabajo consiste en aceptarla y encontrar la manera de aprovecharla, para poder conectar más plenamente con nosotros mismos y sentirnos más vivos.

¿CON QUÉ OBSTÁCULOS TE ENFRENTAS?

Aunque los tutores están preparados para marcar una diferencia increíble en la vida de las personas, ya sea de forma íntima y personal o incluso a gran escala y de forma organizativa, como ocurre con todos los *Sparketypes*, hay una serie de obstáculos bastante comunes a los que se suelen enfrentar. Conocerlos de antemano puede ayudarte a ser más consciente del momento o la situación en la que te diriges hacia uno de ellos para poder evitarlo. Entender lo que realmente está sucediendo y saber que no estás solo puede ayudarte a descubrir cómo superarlo y volver a un lugar en el que tu impulso de tutor se manifieste de un modo más saludable y constructivo, con mayor rapidez y facilidad. Estos son algunos de los obstáculos y situaciones desencadenantes más habituales.

Ser «uno» con aquellos a los que sirves

Hay un fenómeno común que comparten los tutores. Debido a que muchos son muy empáticos —sienten lo que otros sienten, tanto lo bueno como lo malo— a menudo experimentan una sensación de fusión con aquellos a los que sirven. Esto puede ser una bendición increíble, cuando todos avanzan juntos hacia un lugar mejor y más elevado. También puede convertirse en una fuente de tensión y vacío. A veces ambas cosas a la vez.

Agapi

Agapi Stassinopoulos es puro amor. Su nombre se traduce literalmente como *amor*. La primera vez que la conocí fue como invitada al pódcast Good Life Project. Abrí la puerta y la encontré, radiante y sonriente, con una gran caja llena de pasteles griegos. En cuanto Agapi dejó la caja, me vi envuelto en un abrazo. No nos conocíamos, pero para ella ya éramos familia. Agapi no puede evitar irradiar lo que ella llama su «Agapidad» a través de todo, desde los libros más vendidos hasta los talleres, las conferencias magistrales, las meditaciones, las presentaciones y mucho más. «Siempre he tenido esta sensación de unidad —dice—. Mi corazón llega a la gente. La he tenido desde que era una niña. Veo el corazón de los demás». Esta capacidad de empatía y el deseo de levantar el ánimo de las personas le permiten experimentar una sensación de fundirse con los demás. «En cuanto subo al escenario, mi energía se expande». Agapi añade: «Me convierto en una unidad total con los demás. No hay autoconciencia. No hay separación. Absorción total. Es espiritual, convergen lo físico y lo espiritual. Es como tener un orgasmo en grupo; te fundes con todos los presentes. El objetivo final es crear la experiencia de la unión en el amor, convertirse e irradiar amor y que todos sientan amor y sean amor». Este sentido de unidad puede ser trascendente en su capacidad de conectar con individuos y grupos, y elevarlos espiritualmente. Pero también tiene un lado oscuro.

Formar parte de un organismo humano colectivo, aunque sea por un momento, es compartir su alegría y su dolor. Agapi tiene una empatía tan profunda, se siente tan atraída por querer que los demás se sientan apoyados, que puede llegar a ser abrumadora. El canal que le permite sentir el sufrimiento de los demás y elevarlos hacia el amor, también lleva la oscuridad a su puerta. Con el tiempo, Agapi aprendió que tenía que establecer límites claros y adoptar prácticas de autocuidado que le permitieran seguir haciendo el trabajo de tutora, fusionarse y elevarse cuando fuera posible, pero también alejarse del, a menudo, peligroso precipicio de la empatía emocional cuando quedara claro que una fusión completa no ayudaría ni a las personas a las que quería servir ni a ella.

También se dio cuenta de que tenía que dejar de lado su propia tendencia a querer que los demás se sintieran y estuvieran mejor, para permitirles sentir lo que pudieran sentir y estar ahí para proporcionarles aquello que pudieran recibir. «Tuve que aprender —dijo— que solo cultivar mi propia "Agapidad", mi propia capacidad de ser e irradiar amor, sería suficiente para estar en comunión con la gente».

No tienes que «asumir» el dolor de los demás para levantarles el ánimo

¿Recuerdas al doctor especialista en dolor Chris Stepien (tutor/ científico)? Debe haber alguna relación entre los tatuajes y los tutores. En los nudillos de la mano izquierda, Chris tiene tatuada la palabra L-O-V-E. Esto tiene mucho sentido, dado el tutor en el que se ha convertido, pero hay una razón muy diferente por la que esas letras están donde puede verlas todo el día, todos los días. «No puedes tener tatuado *AMOR* en los dedos —me dijo— y ser un cabrón».

Cuando Chris iba al instituto, estaba obsesionado con el *football* americano. Jugaba un juego increíblemente violento. Se complacía en aniquilar a cualquier oponente que se atreviera a acercarse a un compañero de equipo. Esa misma agresividad latente salió a la luz a lo largo de los años como un daño que perjudicaba no solo a los demás, sino también a sí mismo. Se ponía regularmente en el camino de la violencia. Sí, estamos hablando de la misma persona que se licenció en medicina quiropráctica y construyó rápidamente una clínica privada cuya misión es aliviar el dolor y capacitar a los pacientes con las prácticas necesarias para evitarlo.

¿Cómo es posible que sea la misma persona que antes se conducía con tanta agresividad? Esa misma pregunta llevó a Chris a años de autodescubrimiento y trabajo interior. Resulta que había un guion oculto que no es infrecuente en los tutores y que, una vez revelado, iluminaría y traduciría esta experiencia en el lenguaje del cuidado. Más allá de las experiencias pasadas que necesitaba procesar, había otra historia que había estado viviendo sin saberlo durante toda su vida y que estaba estrechamente ligada con su impulso de tutor. Su vocación de eliminar el sufrimiento de los demás se había vinculado con la falsa idea de que, para que ellos estuvieran bien, él tenía que sacrificarse de alguna manera. El dolor de los otros tenía que convertirse en el suyo; tenía que asumirlo preventivamente, para que ellos nunca lo sintieran o para que pudieran liberarlo. De niño, en el campo de *football*, lo que parecía agresividad hacia un oponente era en realidad un impulso implacable de proteger y cuidar a las personas que amaba de los oponentes. A menudo sacrificaba su propio cuerpo para salvarlos.

Una vez que fue capaz de desconectar estos cables y darse cuenta de que no necesitaba asumir el dolor de otro para aliviarlo o prevenirlo, todo empezó a cambiar. Fue capaz de crecer en su práctica profesional de una manera mucho más saludable, de construir su propia práctica de autocuidado y de amor por sí mismo. Se hizo ese tatuaje de la palabra *amor* en la mano izquierda, porque no siempre le gustaba la forma en que actuaba consigo mismo y con los demás, y quería un recordatorio visual para volver a la bondad. Ahora, años más tarde, se ha convertido en un suave recordatorio no solo de en quién se ha convertido, cómo aspira a ser y el camino que ha elegido, sino también de quién ha sido siempre. Amor a sí mismo y a los demás.

Los tutores también necesitan recibir

Esta es quizás la tensión más común que se manifiesta entre los tutores. Suelen estar tan predispuestos a dar que, cuando se encuentran en una situación en la que deben recibir, la experiencia puede ser terriblemente dura.

¿Recuerdas a Sarah Geddess, que dirige Press + Post? Ella se dedicaba a su vida, a dar a su familia, a sus amigos, a sus clientes, a sus empleados, a sus causas y a sus iniciativas locales de servicio. Era mucho, pero le encantaba. Cuando dar es lo que te hace vivir, siempre que también te des a ti mismo, ese suele ser tu lugar feliz. Entonces, en 2019, le diagnosticaron un cáncer en la mandíbula. Necesitó un tratamiento agresivo, sufrió una compleja cirugía de reconstrucción de una parte importante de la cara. No sabía si volvería a comer o a hablar, o a vivir. En un abrir y cerrar de ojos, pasó de ser alguien que cuidaba del mundo a alguien que necesitaba pedir y recibir cuidados. Eso no fue fácil, a pesar de que sabía lo importante que sería para su recuperación.

Sarah, al igual que muchos tutores, siempre ha tenido muchos problemas para recibir cuidados de otros. Siente como si el acto mismo fuera en contra de su razón de ser. Se supone que ella es la que da, no la que recibe. Esta tendencia es común a los tutores. Pero, en aquel momento, Sarah tenía que aceptar los cuidados, no solo del equipo médico, sino de su familia, los amigos, los colegas, incluso los clientes, para poder salir adelante. En un momento dado, se dio cuenta de que era su momento de recibir cuidados. Si no permitía que los demás entraran, tal vez no estaría allí para cuidar de todas las personas que le importaban en el futuro. Se rindió, pero no del todo. Aun más, durante su tratamiento y recuperación, hizo algo que a cualquier persona que no fuera tutor le parecería totalmente contrario a la curación y a sentirse mejor.

Sentía una necesidad feroz de hacer todo lo posible para que los que la rodeaban se sintieran atendidos. Sus hijos y su marido, sus empleados y sus clientes. Para la mayoría de los demás, esto sería un esfuerzo excesivo en un momento en el que se necesita recargar las propias reservas de energía. Pero, curiosamente, esta lógica falla. Dado que los tutores no solo recargan sus energías, sino que cobran vida a través del acto de dar, en contra de la intuición, hacer lo que podía para cuidar de los demás en un momento en el que necesitaba entregarse y recibir una enorme cantidad de cuidados la ayudó a mantenerse enfocada y a experimentar un sentido de propósito. No es que quisiera distraerse de su propio sufrimiento, es que, de una manera que solo los tutores pueden entender, el acto de brindar cuidados es una poderosa forma de autocuidado.

Dicho esto, hay límites a la eficacia de esta peculiaridad, momentos en los que uno se ve tan presionado que el impulso que se obtiene al ocuparse de demás no compensa la energía que se necesita. En el caso de Sarah, finalmente llegó a ese punto en el que tuvo que ponerse en modo de recepción total y aceptar que, por un momento, ella era la que más necesitaba amor y apoyo. Para que los tutores puedan hacer lo que están destinados a hacer, también tienen que mantenerse íntegros y permitir que otros los ayuden cuando no pueden cuidarse por sí mismos.

MUÉSTRAME EL DINERO

La demanda de tutores —proporcionar cuidados— es alta en casi todos los ámbitos laborales y de la vida. El sufrimiento, ya sea un malestar leve o un dolor extremo, siempre será una realidad de la vida. Por eso, siempre habrá un lugar para los tutores.

En las funciones y profesiones más tradicionalmente asociadas a la prestación de cuidados, como la práctica de la medicina, el masaje y las artes curativas, la terapia, el *coaching*, el cuidado de ancianos, los auxiliares sanitarios y el acompañamiento, existe una clara vía de ingresos, ya sea dentro de una organización o industria o de forma independiente. Algunos están muy bien remunerados.

Sin embargo, al igual que cualquier otro *Sparketype*, la plena expresión del tutor no se limita a ninguno de estos ámbitos más tradicionales. ¿Qué pasa con el ordenanza o el conserje del hospital donde trabajan los médicos y las enfermeras? Resulta que los que se ven a sí mismos como parte de la experiencia del cuidado del paciente no solo hacen una diferencia mayor, sino que encuentran un poderoso sentido de propósito más allá de ayudar y limpiar. Los enfermeros pueden encontrar una poderosa salida en la enseñanza, ya sea en escuelas, organizaciones o incluso en línea. ¿Y qué hay de los baristas tutores que aman a sus clientes? ¿O los vendedores que crean un espacio seguro para que los clientes se apropien de su valor y tomen decisiones enriquecedoras?

Vimos cómo Teri Pruitt encontró una salida como vestuarista en Broadway y Billy como videógrafo. Esa es la belleza de todo *Sparketype*. Puedes encontrar formas convencionales de expresar tu impulso y ser compensado, pero también puedes encontrar casi siempre una salida en casi cualquier función, organización o industria una vez que entiendas el impulso que te mueve.

Hay una demanda constante de la labor de los tutores; sin embargo, cómo se valora y qué disposición existe para que los tutores sean bien remunerados, bueno, eso puede ser un poco más complicado. En las profesiones más convencionales dedicadas al cuidado, a menudo se valora y se compensa mucho. Una enfermera o acupunturista con experiencia que se sienta impulsada a dar cuidados puede tener un buen rendimiento. Cuando este impulso encuentra una salida en el mundo corporativo, suele conducir a una conexión profundamente leal con los colegas y los equipos, y también a un alto rendimiento, que puede beneficiar al tutor, ya que acelera el avance y el crecimiento. Sin embargo, cuando este impulso encuentra un camino en ámbitos menos profesionales o no profesionales, especialmente cuando no es una parte declarada del trabajo, puede ser apreciado, pero no recompensado o bien compensado.

Los tutores también pueden sentirse en conflicto con el hecho de que se les pague por hacer lo que están destinados a hacer. Este fenómeno es común a otros *Sparketypes* centrados en el servicio. Sin embargo, en el caso de los tutores, a veces puede alcanzar el nivel de una autoflagelación casi patológica. Puede que se sientan invadidos por la vergüenza o la culpa. ¿Cómo pueden esperar ganar dinero «a costa del sufrimiento de otras personas»? La verdad es que no has hecho nada para causar el sufrimiento que eres capaz de aliviar y que tu ayuda puede evitar. Tu trabajo tiene valor. El hecho de que otros lo valoren y estén dispuestos a compensarte no significa que haya nada malo en tu disposición a intervenir y prestar ayuda en el momento en que alguien más lo necesita. Si nunca estás abierto a recibir el valor adecuado por el trabajo que haces, no podrás mantenerte en el mundo y te encontrarás haciendo otra cosa. Eso hará que te sientas perpetuamente asfixiado e insatisfecho, y aquellos a los que eres capaz de ayudar quedarán abandonados a su suerte. Todo el mundo pierde. Dicho esto, puede que haya circunstancias en las que la compensación monetaria no nos parezca bien y puede que no sea correcta.

Muchos tutores encuentran interesantes posibilidades en ámbitos no profesionales y personales. La crianza de los hijos, el voluntariado, la lectura a los ancianos, el cuidado de la familia y los amigos, pueden ser expresiones profundamente gratificantes, válidas y valiosas para que se manifieste el impuso de tutor, por las que muchos tutores nunca considerarían aceptar dinero. Puede que estas tareas no sean compensadas en un sentido monetario tradicional, pero proporcionan un poderoso canal de expresión para el impulso del tutor y un fuerte sentido de satisfacción y aprecio, a menudo más allá de lo que el dinero podría ofrecer.

Independientemente del trabajo, el título, la organización o la industria en la que te encuentres o explores, pregúntate: «¿Dónde está la oportunidad de cuidar a los demás, enriquecerlos y hacer que se sientan vistos, escuchados, sostenidos y apreciados?». Puede que encuentres o crees estas oportunidades de formas que nunca habías visto, que incluso pueden estar fuera de los estrechos límites de la descripción de tu trabajo, pero, sin duda, casi siempre están ahí. A continuación, amplía tu fuente de ingresos principal y, paralelamente, explora otras posibilidades, ya sea para obtener más ingresos y satisfacción, o simplemente porque añadirán a tu vida mayor plenitud.

IMPULSA TU TRABAJO
Pon tu *Sparketype* a trabajar.

Has completado el *Sparketype Test* y has descubierto tu perfil: tu chispa primaria, la chispa colaboradora y la antichispa. Entiendes qué tipo de trabajo, a nivel de ADN, te hace sentir pleno, qué te vacía y te cuesta más esfuerzo hacer, y cómo se percibe y te sientes cuando haces un trabajo que te hace brillar de una manera saludable y plenamente expresada.

¿Y ahora qué?

¿Cómo se manifiesta todo esto en el mundo real? ¿Cómo puedo cambiar mi trabajo actual para sentirme mucho mejor? ¿Cómo puedo encontrar algo diferente que me haga revivir? ¿Cómo puedo encontrar una combinación que me encienda la chispa?

En nuestra empresa profundizamos continuamente en estas preguntas. Muchas de las respuestas se han compartido en los capítulos que tratan sobre cada *Sparketype*, en el contexto de cómo cada uno se manifiesta y se enciende. Este capítulo es más específico. Trata de cómo es tu *Sparketype* en el mundo real, en tu trabajo y en tu vida. Exploraremos lo que yo llamo las tres claves de activación. Una de ellas consiste en ser expresivo; la otra, en ser imaginativo; y la tercera, en conseguir la expansión. Juntos, son la trifecta de la activación.

EXPRESAR

Tu *Sparketype* es como tu ADN en relación con el trabajo que te motiva. Te dice, a un nivel profundo, qué tipo de trabajo te hace sentir pleno (o te vacía). Para muchos, el simple hecho de saberlo desencadena todo tipo de revelaciones. Empiezas a reconocer los momentos, las experiencias, las interacciones, los trabajos y los roles en los que tu *Sparketype* ha encontrado un canal para manifestarse. También empiezas a ver dónde se te ha requerido que hagas cosas que son expresiones del trabajo que te vacían. Ahora es el momento de aprovechar esa información reveladora y ser más detallista.

Vas a crear un inventario vívido de las formas específicas en que has expresado tu *Sparketype* en el pasado. Esto te dará poderosas pistas sobre lo que podrías buscar, hacer y evitar en el futuro.

INVENTARIO DE EXPRESIÓN DE TU *SPARKETYPE*

Tu punto de partida es lo que yo llamo el Inventario de Expresión del *Sparketype* o tu IES. Vas a hacer una mirada retrospectiva para identificar tipos específicos de actividades que has realizado en el pasado. Este repaso te ayudará a identificar ciertas tareas, herramientas, procesos, prácticas y temas que han servido como poderosos canales para que tu *Sparketype* hiciera su trabajo. Incluso cuando no tenías ni idea de que eso era lo que ocurría realmente. Piensa en cuatro categorías diferentes de trabajo:

- Trabajo remunerado (empleado, contratista, profesional, empresario, etcétera).

- Ocio, diversión, artesanía y otras actividades de expresión.
- Funciones que has desempeñado (padre, voluntario, cuidador, etcétera).
- Clases, cursos de estudio.

Puede que observes esas categorías y digas: «Espera, ¡solo una de ellas es trabajo!». La verdad es que todas ellas requieren esfuerzo, a veces de forma muy intensa, dura y sostenida. Y todas tienen el potencial de permitirte invertir en experiencias que te hagan sentir pleno y vivo. Por lo tanto, es conveniente que las examines todas, porque cada una de ellas puede desempeñar un papel en la combinación global del trabajo que te hace encender tu chispa. Ahora, toma un papel, un anotador o cualquier otra aplicación que utilices para tomar notas. Piensa en la primera categoría: Trabajo remunerado, y pregúntate:

¿Qué tres experiencias, funciones o trabajos, dentro de esta primera categoría me hicieron sentir más vivo, más yo mismo, como si estuviera en mi mejor momento la mayoría de las veces? ¿Dónde sentí un genuino sentido de propósito, como si importara y yo importara? ¿Dónde perdí el sentido del tiempo, porque estaba muy comprometido? ¿Cuándo me sentí más energizado y entusiasmado, plenamente expresado, como si estuviera accediendo a mi verdadero potencial?

Escribe esas tres experiencias. Si tienes muchas más, escribe las tres más convincentes, las que te conmuevan emocionalmente cuando pienses en ellas. Y, si tienes menos de tres o ninguna, también está bien. Recuerda que empiezas por donde empiezas, sin juicios de valor. Puede que encuentres más pistas sobre cómo expresar tu *Sparketype* en las otras categorías. Por ahora, fíjate si puedes encontrar las que te dieron al menos algunos de los sentimientos descritos, o muchos de ellos en diferentes momentos.

Bien, ahora, para cada una de esas tres experiencias (todavía en la primera categoría), responde a las siguientes preguntas:

- Cuando te sentías más vivo, ¿cuáles eran las tareas que realizabas?
- ¿Cuáles eran las herramientas/tecnologías/plataformas que utilizabas cuando te sentías más vivo?
- ¿Cuáles eran los procesos en los que participabas cuando sentías que revivías?
- ¿Cuáles fueron los proyectos en los que participaste cuando te sentías más pleno?
- ¿Cuáles eran los temas, las materias o las áreas de interés, si son relevantes, en las que te centrabas cuando sentías más motivado?

Siéntete libre de modificar el lenguaje de las indicaciones según sea necesario. Escríbelo todo, tanto como puedas recordar. Lo sé, te va a costar trabajo y tiempo. Pero la cosa es así: este es el trabajo que se convierte en tu vía rápida no solo para revivir, sino para liberarte. Destaca las cosas específicas que hiciste que te hicieron sentir motivado e, igualmente valioso, independientemente de cualquier trabajo, empresa o sector específico. Se centra en las experiencias nodales, a menudo transferibles.

¿Por qué es importante? Porque te da la libertad de dejar de estar atado a las categorías de trabajo tradicionales de la vieja escuela que pueden encasillarte, en lugar de liberarte en tu búsqueda de experiencias, roles, organizaciones o industrias que te hacen vivir. Así puedes centrarte más en las actividades específicas, que puede ofrecer cualquier oportunidad, y no preocuparte por si son «típicamente» conocidas como el tipo de industria, organización o función en las que las personas «como tú» prosperan. Como verás en breve, este conocimiento también te equipará para transformar potencialmente el trabajo que ya estás haciendo y darle nueva vida.

Cuando hayas terminado con la primera categoría, pasa a cada una de las tres restantes. Haz lo mismo con cada categoría. Tómate el tiempo necesario para descubrir qué es exactamente lo que te ha hecho sentir pleno, lo que te ha permitido expresar plenamente tu chispa y cobrar vida. Una vez que hayas completado este proceso, quizá por primera vez, empezarás a entender lo que realmente estaba pasando y por qué en esos momentos y experiencias te sentías tan bien (o mal). Tendrás un inventario vívido —tu Inventario de Expresión del Sparketype— que te servirá como herramienta para encontrar pistas y puntos de partida muy poderosos sobre cómo recrear esos sentimientos cuando evalúes el trabajo que decides hacer o no hacer a partir de este momento. Este es el momento crucial.

Pero, recuerda, esto es sumamente importante: tu IES es un documento en elaboración que se irá ampliando con el tiempo. Tus respuestas a las preguntas anteriores son solo el punto de partida. Es una lista de poderosas pistas personales sobre lo que te ha permitido expresar tu *Sparketype* en el pasado y que probablemente te ayudará a revivir en el futuro. Tu IES no es en absoluto un documento terminado, particularmente, cuando lo creas por primera vez. Seguirá creciendo toda la vida a medida que hagas más, experimentes más, pruebes más cosas y sigas añadiendo elementos a todas las diferentes categorías. Así que tómatelo con calma, comprométete a seguir ampliándolo y ten en cuenta que se relaciona más con la claridad y la libertad que con la limitación.

Piensa en tu IES como un increíble punto de partida para descubrir, encontrar y hacer muchas más cosas que te hacen revivir, pero no te limites a buscar solo trabajos que ofrezcan los tipos de cosas que apuntaste en tu IES. Sigue probando cosas nuevas, realizando experimentos para ver, con el tiempo, qué otras tareas, herramientas, procesos, prácticas y temas puedes añadir que te hagan revivir. Si estás considerando una nueva oportunidad y muchas de las cosas que requerirán que hagas no están en tu lista y nunca las has hecho, eso no significa que no te motiven. Solo significa que aún no sabes si lo harán o no. Puede que merezca la pena decir que sí, incluso si el único resultado es que consigues ampliar tu inventario o saber que ciertas cosas no son «tus» cosas.

REIMAGINAR

Tómate un respiro

Los seres humanos somos un grupo peculiar. A veces hacemos cosas, con las mejores intenciones, que nos llevan al fracaso, cuando todo lo que buscamos es el éxito. A lo largo de los años, he visto surgir un patrón autodestructivo en muchas personas (sí, incluyéndome a mí mismo) en el contexto del trabajo, especialmente en el trabajo que nos vacía. La intención no es provocar una autolesión o sabotear nuestras carreras. De hecho, es exactamente lo contrario. Sin embargo, las buenas intenciones, unidas a experiencias laborales dolorosas, pueden conducir a veces a resultados que son exactamente lo contrario de lo que se esperaba. Nadie es inmune. No se trata de lo inteligente, formado o experimentado que seas, sino de un pequeño fallo de la naturaleza humana que te hace salir corriendo, antes de que te des cuenta de que puedes ser cómplice de la causa de tu propio malestar.

No hagas explotar todo

Resulta que, una vez que descubres tu *Sparketype* y entiendes cómo expresarlo en el trabajo y en la vida, no es raro que te des cuenta de que no estás haciendo muchas de las cosas que te más te gustan. Piensas: «Ahora que sé qué tipo de trabajo me hace sentir vivo, ¿por qué no lo hago?» ¡Es una pregunta válida! Pero aquí es donde las cosas suelen descarrilarse. En lugar de alejar la lente y tomarte un poco de tiempo para reflexionar, ser honesto y elaborar un plan de acción reflexionado e inteligente, empiezas a pensar: «Es tan obvio que estoy haciendo las cosas mal; esto es horrible. Tengo que hacer un cambio grande y disruptivo, ¡y rápido! Tengo que hacer saltar todo por los aires y empezar de nuevo en otro sitio».

¡¡¡NO LO HAGAS!!!

No hagas grandes cambios, probablemente dolorosos, de entrada. No eches por tierra tu carrera, tu negocio o tu vida para eliminar todas las cosas «vacías» y perseguir todas las «cosas buenas y motivadoras». No tomes la opción nuclear vocacional. Al menos, todavía no. Y quizás (probablemente, incluso) nunca.

Sí, lo entiendo. Una vez que tus ojos comienzan a abrirse, aunque sea un poco, y percibes lo que te hace vivir y te das cuenta de que no lo estás haciendo, hay un impulso irresistible de huir de tu realidad actual. Incluso si es lo que mantiene un techo sobre tu cabeza. Aunque el mercado esté retraído. Aunque la gente que te rodea piense que has perdido la cabeza. Y no estás solo. Solemos compartir este impulso en masa.

Puede haber una fuerte tendencia a convencerse de que el dolor y el trastorno financiero que supondría marcharte no es nada en comparación con la angustia existencial del potencial insatisfecho que sientes actualmente. Puede que, en las primeras etapas de la vida, haya algo de verdad en eso. Lo que está en juego suele ser menor, tienes menos responsabilidad, más recorrido por delante para hacer las cosas bien si metes la pata. Los inconvenientes no son tan desalentadores.

Cuanta más edad tengas, más ilusoria será esa creencia. Claro, el sufrimiento que provoca despertar a tu vocación y, luego, darte cuenta de que no lo estás haciendo es real. Duele. ¿Pero sabes qué más es real? El doloroso coste de dinamitar tu realidad actual, la falta de fundamento emocional a la que puede conducir, las fisuras que a menudo crea en tus relaciones personales, el estrés implacable que puede causar y el efecto devastador que puede tener en la salud emocional y física cuando uno se da cuenta de que lo siguiente no le cae encima con la rapidez o la facilidad que esperaba. Con demasiada frecuencia, se subestima el dolor que provocan los movimientos grandes y perturbadores, y se sobreestima tanto la facilidad con la que nos «deslizaremos» hacia el próximo gran acontecimiento como la forma en que nos hará sentir (al menos desde el principio). Tu cerebro racional lo sabe y, sin embargo, muchos de nosotros optamos por este engaño. Hay una razón. Creerlo te da el permiso que buscas desesperadamente para perseguir el sentimiento que crees que te traerá «tu verdadero destino», antes de que sepas en realidad cuánto de esa proyección está arraigada en la realidad, antes de que hayas hecho el trabajo para entender el coste probable de un cambio a gran escala, disruptivo e inmediato.

A menudo somos cómplices, pero no lo vemos

Y lo que es peor. En la búsqueda de la justificación para cortar y huir que tu cerebro racional quiere ser capaz de señalar (y decir a tus padres, amigos, socios y otros cuando te preguntan si has perdido la cabeza), terminas haciendo todo tipo de cosas para sabotear inconscientemente tus trabajos, tu carrera, prácticas o negocios actuales que no te motivan. Lo haces sin querer —sí, ni siquiera te das cuenta de que lo estás haciendo— porque te hace sentir mejor marcharte. Es más fácil echar por tierra un trabajo o una carrera que percibes como horrible y asfixiante que abandonar algo que no funciona del todo, pero que todavía puede tener potencial si tienes las herramientas para arreglarlo. Esta última parte requiere trabajo y la mayoría de nosotros todavía no tenemos las herramientas. Así que empiezas a hacer cosas, y a cuestionar cosas, sin darte cuenta de que lo que estás haciendo causa que tu trabajo actual parezca mucho menos salvable o menos motivador de lo que realmente es. Te dices a ti mismo: «Lo odio y, además, no me está dando lo que necesito en ningún aspecto», y sigues torpedeándolo a cada paso, convirtiéndote en cómplice de que sea lo suficientemente malo como para justificar el dolor de dejarlo.

Piensa en esto: si supieras, con un 100% de certeza, que el trabajo que estás haciendo hoy tendría que ser el mismo que harás el resto de tu vida productiva, pero tuvieras la capacidad de reimaginar la forma en que te comprometes con él y lo experimentas, ¿qué harías de forma diferente? ¿Cómo crearías una realidad más satisfactoria y gratificante dentro de esas limitaciones? ¿Qué más harías? ¿Qué harías menos? Tal vez cambiarías el tipo de clientes con los que trabajas, el servicio o el producto que ofreces, la forma de cobrar, el sector al que sirves, las herramientas o los canales que utilizas, los materiales con los que trabajas, el modo de entrega o las personas con las que trabajas. Tal vez cultivarías una comprensión más profunda de la empatía, la dinámica social y la condición humana, y aprenderías a gestionar conversaciones y a influir en los resultados de una manera que te dé más control y satisfacción. Tal vez invertirías en diferentes alianzas y habilidades, o intentarías trabajar en otros proyectos o equipos. Tal vez dedicarías más tiempo a reorientar cualquier otro factor que, en conjunto, podría suponer un cambio profundo en la forma en que experimentas lo que es, en realidad, lo mismo, pero hecho de forma diferente.

La mayoría de nosotros ni siquiera piensa en esto. Nunca intentamos enderezar el barco identificando lo que no funciona, poniéndonos creativos para cambiar todo lo que podamos, optimizando lo que sí funciona y, después, construir sobre estas bases para hacerlo lo más enriquecedor posible antes de decidir «esto nunca funcionará, me está matando» y, luego, alejarse. En cambio, hacemos exactamente lo contrario. Exacerbamos los aspectos negativos actuales para justificar nuestra huida. Entonces pulsamos el botón de expulsión. Prematuramente. A veces funciona. Especialmente cuando uno es joven, cuando, como acordamos, hay mucho menos en juego. Pero la mayoría de las veces, minutos, días, horas o semanas después de haber pulsado el botón de expulsión, la realidad de este engaño se impone.

No solo te encuentras inmerso en el dolor profundamente subestimado de una explosión existencial, sino también depositado de lleno en tu nueva realidad «supuestamente» mejor, pero, de alguna manera, eres el mismo manojo de humanidad frustrado, sofocado e inexpresivo, pero con una pintura diferente en las paredes y cortinas en las ventanas. Estás destinado a repetir los mismos patrones e inevitablemente a romper cualquier ilusión temporal de mejora a la que hayas corrido.

Vuelves a crear el mismo marasmo de dolor del que has huido. Con ropa nueva. En una nueva costa. En una nueva casa. En un nuevo trabajo. Con un nuevo equipo. Y sigues culpando a un mundo que sientes perpetuamente en tu contra. Sin darte cuenta de un hecho simple. Al final, sigues siendo el mismo que no puede huir.

Un enfoque diferente

Considera un primer paso diferente. En lugar de hacer estallar lo que hay afuera, abre lo que hay dentro de ti. Antes de quemar tus supuestas experiencias laborales malignas, primero haz una pausa y tómate el tiempo de mirar tu interior. Para despertar. Para aceptar el golpe. Para asumir tu contribución a un *statu quo* que anhelas dejar atrás. Junto con la gracia, las bendiciones, los dones y los recursos que podrías reasignar a la tarea de «enderezar tu propio barco».

A continuación, pregúntate qué pasaría si te quedaras donde estás, pero hicieras el trabajo necesario para reimaginar y reajustar tu trabajo, posición o papel actual para permitirte expresar más plenamente tu *Sparketype*, y hacer más de lo que te hace sentir pleno y menos de lo que te deja desmotivado.

¿Es esto siempre posible? No siempre, pero sí mucho más a menudo de lo que nuestro angustioso impulso de cortar las amarras podría hacernos creer. Habrá ocasiones en las que la mejor opción profesional o laboral legítima sea, de hecho, la opción nuclear. Habrá personas y circunstancias verdaderamente destructivas, física o psicológicamente dañinas que deban ser abandonadas. La pareja o cultura abusiva u horriblemente tóxica. La persona, la posición o el lugar física y emocionalmente traicioneros que causan un daño muy real y que, en ningún caso, tienen solución. Al menos por el mecanismo de nuestro propio corazón, nuestra disposición, nuestra voluntad o modo de ser. En esos casos, el dolor de quedarse puede ser realmente mayor que el dolor de irse. Incluso si hay algún nivel de tu propio trabajo para ser explorado, primero busca un lugar sereno. Nada de lo que he compartido pretende sugerir o de alguna manera condonar el martirio o animar a nadie a permanecer en el camino del daño genuino. Si no estás en posición de discernir objetivamente si esto está ocurriendo o no tienes la visión o claridad necesaria para entender la diferencia, necesitas pedir ayuda a aquellos que sí la tienen.

Al mismo tiempo, es importante darse cuenta de que estos escenarios suelen ser los más raros. La mayoría de las veces, descubres que la historia que te has estado contando a ti mismo sobre el odio a tu trabajo actual, a tu pareja, a tu gente, a tu cultura, es solo eso: una historia. Una historia, no «la» historia. Un guion arraigado en una parte de la verdad que facilita la justificación para alejarse y soportar el dolor de la ruptura en nombre de una realidad futura que crees que te «liberará», pero que, de hecho, puede ser igual, o aún más tensa, que el abismo del que buscas desesperadamente salir. Sigues buscando lo brillante y lo nuevo, sin darte cuenta de que la sensación que tanto anhelas tiene que ver menos con lo que ocurre y más con lo que viene de ti.

Reimaginar, resolver, realinear

Restrinjamos la conversación a un trabajo que crees que te aleja de tu verdadero destino.

Cuando se reorienta la carrera, la práctica o la empresa actual a la luz del «desafío limitado» que ofrecí anteriormente —hacerla lo mejor posible, antes de decidir si se deja y se empieza algo nuevo—, no es raro que ocurra algo inesperado.

Especialmente cuando se deja de lado la historia de «esto es horrible, tengo que dejarlo».

* Empiezas a hacer el trabajo para mejorar las cosas de cien maneras diminutas y las cosas empiezan a cambiar.

* Vuelves a comprometerte a cuidar meticulosamente de tu cuerpo, mente, corazón y alma. Vuelves a tener energía para ti y para la empresa. Impregnas el trabajo con un nuevo conjunto de objetivos y aspiraciones.

* Empiezas a ver formas de mejorarlo que a menudo estaban delante de ti antes, pero que convenientemente pasabas por alto, porque no servían a tu deseo de justificar el alejamiento.

* Examinas el trabajo de tu *Sparketype* y lo comparas con el trabajo que realizas a diario en tu actual carrera, profesión o negocio.

* Buscas formas de hacer menos el trabajo que te vacía y más el trabajo de tu *Sparketype*, incluso si eso significa traspasar los límites de una descripción de trabajo estrechamente definida.

* Empiezas a integrar las tareas y los procesos específicos, las acciones y las ideas que son las expresiones más orgánicas de tu *Sparketype*.

* Encuentras la manera de pasar más tiempo trabajando en las áreas temáticas, dominios y temas que son expresiones de tu *Sparketype*.

* Lo más importante es que comiences el proceso de reclamar el control, actuar y ser reflexivo, expresivo y proactivo, en lugar de sofocado, reactivo y reprimido.

Desde una posición de creciente alineación y control, ahora comienzas a plantarte de manera diferente, a operar de manera diferente, a trabajar de manera diferente, asumir cosas diferentes que te motivan cada vez más. La calidad de tu trabajo, tu energía y tus ideas se enriquecen. La gente se da cuenta y cambia su forma de relacionarse contigo de mil maneras diferentes.

Entonces, no pocas veces, ocurre lo que nunca creíste posible. Aquello que odiabas tanto empieza a sentirse mejor. En lugar de huir, has aprendido a transformar tanto el trabajo como a ti mismo. Te has convertido en un optimizador y alquimista, en lugar de un saboteador silencioso. Esto cultiva un resplandor más profundo, un sentido de propósito. Esa luz interior encuentra un gran número de caminos de expresión, para fluir, para conectar y para la alegría. Te conviertes en una chispa. La gente que te rodea empieza a responder a la energía y a la presencia que emites y atraes más oportunidades para hacer más del trabajo que te motiva, o sigues redefiniendo tu forma de trabajar para estar más vivo. Se necesita trabajo, a menudo duro, para que esto ocurra, pero también te permite evitar el dolor y la disrupción que hubieras sufrido si hubieras decidido tomar la «opción de carrera nuclear prematura».

La verdad es que al final puede ser que te vayas. Es posible que confirmes que no te da lo que necesitas, pero tomas la decisión en términos muy diferentes. Lo haces con una visión muy distinta y, muy probablemente, desde un lugar cargado de energía física y emocional, con la confianza y la posibilidad de que las puertas que se abren nunca habrían existido o sido vistas si hubieras elegido salir en el estado de profunda negatividad que solía definir tu actitud anterior.

Entonces, ¿en qué situación te encuentras? Antes de que hagas volar por los aires tu trabajo y, junto con él, potencialmente grandes trozos de tu vida, haz un balance. Si te encuentras en una situación extrema, haz lo necesario para estar bien.

Pide ayuda si la necesitas. Pero si lo que estás experimentando es una crisis de carácter existencial, unida a un patrón repetido de personas, trabajos, empresas que te decepcionan o incluso luchan contra ti, piensa más en reimaginar y redefinir lo que haces y cómo lo haces que en, simplemente, dinamitarlo todo. Piensa en el trabajo de tu *Sparketype* y en cómo podría expresarse en tu trabajo actual. Primero hazlo lo mejor posible. Entonces, si decides marcharte, lo harás desde un lugar no solo de mayor convicción, sino también de autoconocimiento tangible, así como con la sensación de alineación y resplandor que, a menudo, genera un nivel de posibilidad que no está disponible cuando tu salida es más de «cortar y correr» que de «Hice el trabajo».

Sally

Sally Wolf (asesora/tutora) creció rodeada de campamentos de verano. Sus padres tenían una tienda en la que se equipaban los acampantes cada año. Fue a un campamento en cuanto tuvo la edad suficiente y se convirtió en coordinadora al tener edad para serlo. Era el trabajo que quería, para toda la vida. Sin embargo, de alguna manera, terminó obteniendo una licenciatura en Psicología, dos másteres en negocios y educación, y, luego, desarrolló una carrera de veinte años como consultora de medios de comunicación de alto nivel.

Con los años, empezó a darse cuenta de que, para ella, el punto más importante nunca era la estrategia. Era buena en eso, realmente buena, pero lo que le interesaba más era siempre la gente: trabajar con personas increíbles, colaborar con ellas, asesorarlas y ayudarlas a crecer, guiar a los clientes y establecer relaciones, en muchas ocasiones, duraderas. No le gustaba el trabajo, pero le encantaba poder guiar y cuidar de los clientes y los colegas, así que siguió adelante.

Todo iba viento en popa, hasta que enfermó de cáncer. Sally dio un paso atrás, se tomó un tiempo para someterse a un tratamiento y comenzó un proceso de autocrítica. Intentaba averiguar qué era lo siguiente, pero antes de que pudiera hacerlo, el cáncer reapareció. Cuando su seguro médico estaba a punto de expirar, tenía que pensar en algo. Aprovechando sus relaciones, consiguió un trabajo en una red de medios de comunicación, trabajaba en un pequeño equipo con un vicepresidente sénior por encima de ella y unos pocos colegas por debajo. Volvía a trabajar, pero movida en gran medida para conservar la cobertura del seguro, no por el sentido o el propósito. Muchos pueden sentirse identificados.

Por esa misma época, Sally realizó el *Sparketype Test* y, al descubrir que su chispa primaria era la de asesora, se le aclararon las ideas. Su trabajo, aparentemente, era la estrategia de medios de comunicación. Nada en la descripción del trabajo hablaba de guiar, orientar o cuidar a la gente, pero equipada con la validación de su impulso de toda la vida por parte de su *Sparketype*, empezó a dedicar tiempo a orientar a sus compañeros de equipo más jóvenes que tenían problemas con la cultura del equipo y una dinámica difícil con la persona que los dirigía. No le pagaban por entrenar o educar a sus compañeros, pero para ella era algo natural; le encantaba hacerlo.

Aunque el trabajo que requería su puesto estaba «bien», ayudar a sus compañeros le daba vida. Un día, uno de esos compañeros dimitió. Sally hizo el papel de portavoz del equipo ante su jefe y compartió lo que realmente había sucedido. Al final de esa conversación, aunque él había sido muy reservado con su vida personal, ella percibió algo y le preguntó cómo estaba. Desarmado, se abrió y compartió algunas luchas personales que le habían causado angustia. Así, Sally hizo lo está destinada a hacer. Aprovechando su impulso de asesora/tutora, lo ayudó a superarlo. No era parte de su trabajo; era algo que no podía dejar de hacer. Ese momento cambió la actitud del jefe y permitió a Sally hacer aquello que la hace sentir viva. Todo el mundo lo notó. La gente mencionó el cambio y él le dio crédito a Sally por haber plantado las semillas y haberlo ayudado. Se corrió la voz y otras personas empezaron a acudir a ella en busca de *coaching*. Quería profundizar en sus habilidades en este nuevo ámbito, así que buscó una certificación de *coaching* y asumió un papel más amplio. El trabajo empezó a gustarle. Entonces, al ver una vacante, Sally empezó a hablar con RRHH sobre la creación de oportunidades de *coaching* y psicología positiva en la empresa. Desarrolló propuestas grupales y experiencias educativas, y se centró en esta área. Cuando llegó marzo de 2020 y el miedo y la ansiedad aumentaron, RRHH le preguntó si podía hacer algo más, así que empezó a implementar y dirigir programas, así como a asesorar a más personas en ese difícil momento. Con un conocimiento más profundo de lo que la hacía vivir, Sally transformó un trabajo, que había comenzado en gran medida como una forma de cubrir el seguro médico, en uno completamente diferente, que le encantaba.

Unos meses después, con la industria de los medios de comunicación muy afectada por la pandemia, Sally fue despedida. Para entonces, fue más una bendición que otra cosa. Puso en marcha su propia empresa de consultoría y formación, y contrató a su antiguo empleador como primer cliente de consultoría. Todo empezó cuando Sally dijo que sí a un trabajo no tan interesante para una empresa por razones muy mundanas y motivada por la seguridad, y se centró en las tareas y actividades que encendían su chispa, luego buscó y aprovechó las muchas oportunidades para ir más allá del ámbito de su trabajo y hacer más del trabajo que la hacía sentir plena. Actualmente, al frente de su propio negocio, Sally se ha convertido en una consejera de campamento de alto nivel, pero en lugar de los niños y los campamentos, su campo de acción son los ejecutivos de empresas y las corporaciones.

La verdad es que no todo trabajo es susceptible de ser reimaginado, redefinido y recuperado. Sin embargo, muchas personas descubren que, cuando hacen una pausa y alejan la lente lo suficiente de su infelicidad actual para ver con más claridad lo que realmente sucede, las oportunidades de reimaginar y redefinir lo que hacen están mucho más disponibles de lo que pensaban. Antes de considerar la opción de una carrera nueva (salvo en el caso de una experiencia laboral que te ponga en el camino de un verdadero daño físico o emocional), explora la posibilidad de hacer que tu trabajo actual sea lo mejor posible. Es probable que vuelvas a estar muy motivado (o lo suficientemente cerca), sin tener que soportar la lucha, la incertidumbre, la ansiedad y el malestar de un cambio mayor y más perturbador.

Aunque acabes marchándote, lo harás desde un lugar de mucha más confianza, reflexión y con una mejor comprensión de por qué te vas y qué necesitas encontrar o crear para tu próxima gran aventura. Este replanteo, por sí solo, es transformador para muchas personas.

AMPLIAR

Cuando hablamos de trabajo, ¿de qué hablamos?

Tu IES te ayuda a empezar a entender cómo tu *Sparketype* único se manifiesta de forma específica en el trabajo y en la vida, para que puedas tomar mejores decisiones sobre a qué decir sí o no, y también para que dejes de sentirte atado a los trabajos, roles, organizaciones o industrias convencionales. Reimaginar y realinear tu trabajo actual con actividades, experiencias y áreas de interés que te hacen cobrar vida te permite obtener más de lo que necesitas, sin sentir la necesidad de «hacer explotar nada». Tu exploración final se centra en cómo defines el trabajo. Se trata de la posibilidad de ampliar tu comprensión de lo que realmente cuenta como trabajo, en el sentido de ampliar tus opciones para sentirte motivado y nutrido, a través de un conjunto mucho más amplio de experiencias vitales. Esto puede ser especialmente útil cuando lo que llamas «trabajo», a pesar de que lo hayas reimaginado, redefinido y optimizado, no te lleva hasta allí.

Todos vivimos vidas diferentes, con distintas responsabilidades, dificultades, limitaciones, miedos, deseos, esperanzas, aspiraciones y valores. A veces, hay un camino bastante directo y convencional hacia el trabajo que te entusiasma. Otras veces, puedes reimaginar y realinear tu trabajo para que te dé más de lo que necesitas. Luego, hay momentos en los que no es fácil acceder a los caminos convencionales y la optimización en torno a tu *Sparketype* te acerca, pero no del todo. Esto sucede, a veces, cuando un valor profundamente arraigado en la seguridad financiera choca con el deseo de sentirte pleno a través de tu trabajo, pero no parece haber una forma con alta probabilidad y bajo riesgo de hacerlo realidad.

En lugar de renunciar a la posibilidad de sentirte plenamente entusiasmado, este es un buen momento para explorar la posibilidad de ampliar tu definición de trabajo más allá de lo que te pagan por hacer, y buscar una combinación de experiencias remuneradas a tiempo completo o parcial y no remuneradas que, en conjunto, pueden tener el potencial de hacer posible que te sientas motivado.

A menudo, cierta combinación de un trabajo o una carrera «optimizada», junto con proyectos paralelos, empleos, aficiones u otros trabajos que te impulsan, puede dar lugar a una vida profundamente gratificante. Un trabajo diurno «suficientemente bueno» te da un sentido de seguridad y responsabilidad que te permite sentir el valor, a menudo sagrado, de «mantenerte económicamente a ti y a tu familia». Proporciona un sueldo regular, un horario regular, un coste cognitivo y emocional leve, y mucho tiempo y energía para vivir bien y dedicar tus energías a otros menesteres que sí te enriquecen. Y tienes la ventaja añadida de no preocuparte de si van a generar un céntimo.

Desde este lugar, te ves capaz de vivir cada día de una manera que, en conjunto, tiene un significado sustancial, te aporta alegría y satisfacción, mientras que también creas, resuelves, ordenas, animas o sirves en un nivel que bien podría haber sido sofocado si hubieras hecho no solo lo que no puedes dejar de hacer, sino también el trabajo que te permite ganarte el pan y tener un techo.

Es una cuestión de libertad

Ampliar tu definición del trabajo que está disponible como materia prima para hacerte sentir pleno te da libertad. Te permite adentrarte en la gran verdad de que todos venimos de diferentes caminos de la vida, con diferentes circunstancias y diferentes habilidades para contribuir con el mundo de diversas maneras. Algunas de esas formas pueden convertirse en tu principal fuente de ingresos. Otros canales de expresión pueden generar ingresos secundarios. Y puede que otros nunca produzcan una compensación monetaria, pero constituyen maneras reales de hacer lo que estás destinado a hacer. Cuando observas la combinación de oportunidades para contribuir y amplías tu definición de trabajo para abarcar todas estas salidas potenciales para tu *Sparketype*, te encuentras con una abundancia mucho mayor de opciones de revivir.

SÉ PACIENTE CONTIGO MISMO

A medida que avanzas en el proceso de sentirte motivado en tu trabajo y en tu vida, es importante establecer expectativas. Los *Sparketypes* te abren los ojos. Para algunos, constituyen una revelación y también una validación. Pero, como cualquier otra evaluación, herramienta, conjunto de ideas o programas son instrumentos bastante contundentes. Revelan ideas poderosas y fundamentales, pero, luego, tienes que trabajar para refinar lo que te dicen para reflejar mejor quién eres como ser único. Incluso entonces, expresar, refinar e integrar tu *Sparketype* en tu trabajo y en tu vida es un proceso profundo que lleva tiempo. No hay soluciones rápidas. Prometer un resultado mágico e instantáneo sería un insulto para ti y para lo que sabes en el fondo que es verdad. Hacer el viaje desde donde estás ahora hasta construir una vida plena y motivada demandará esfuerzo y tiempo. Es importante saberlo de antemano y aceptar el viaje como una aventura, un proceso de descubrimiento.

Algunas ideas se comprenden inmediatamente. Cuando eso ocurre, es increíble. Otras percepciones más matizadas y a menudo valiosas requieren de un poco de espacio, introspección, consciencia y acción sostenida en el tiempo. Todos vivimos vidas diferentes, tenemos diferentes circunstancias, oportunidades, limitaciones, responsabilidades y apertura a las posibilidades. Comprométete con el proceso, pero también sé indulgente contigo mismo. Las mejores cosas de la vida requieren tiempo y esfuerzo, pero la inversión merece la pena. Así que respira. Sigue haciendo el trabajo. La recompensa es una vida de contribución que te permita ser más plenamente tú mismo, estar más vivo, experimentar una mayor libertad, no solo en el trabajo, sino en todos los otros aspectos de la vida.

ENCIENDE TU VIDA, ENCIENDE EL MUNDO

No se trata solo de revivir, sino de volver a casa

Cuando llegamos a la edad adulta, suele ocurrirnos algo. Nos dejamos llevar por la creencia de que vivir de acuerdo con nuestro verdadero yo, trabajar, ofrecer y crear significado, y conectarse desde esa parte profunda de nosotros mismos es menos importante que estar alineados. Nos alejamos de nosotros mismos. Los creadores dejan de crear. Los actores dejan de dar vida a los momentos. Los defensores acallan su impulso de abogar por lo que creen. Los tutores dejan de cuidar. A veces, a petición o por orden de otros. Otras veces, porque un sentido de la propiedad o la responsabilidad de los adultos lo reclama. A menudo, es más insidioso.

Nunca decidimos activamente abandonar lo que somos y las actividades que conocimos cuando éramos niños y que nos hicieron sentirnos plenos. Es más bien una rendición lenta e involuntaria hasta que, un día, años después, nos encontramos responsables, realizados, pero vacíos. Preguntándonos cómo se nos fue la vida, cuándo dejamos de ser esa persona que siempre supimos que éramos.

Sentimos el peso de ese abandono. Se manifiesta como una capa inamovible de descontento, melancolía, desconexión, malestar, frustración. Una sensación generalizada de que, en algún momento, nos hemos perdido a nosotros mismos. No entendemos del todo de dónde viene pero lo sentimos. Y, en los momentos en los que hay mucho en juego y la vida se vuelve más dura, incierta y complicada —y siempre lo será—, lo sentimos aún más. A muchos se nos enseña y se espera que lo ignoremos. Se convierte, simplemente, en el aire cada vez más espeso que respiramos. Simplemente está ahí. Cargado con suficiente oxígeno para permitirnos funcionar, pero perpetuamente envuelto en un manto invisible de disfunción. Un manto que no podemos quitar, porque no se ve.

Lo que llegué a comprender del vasto y creciente archivo de historias a medida que miles de personas nuevas descubrían sus *Sparketypes* cada semana es que, para muchos, este descontento se había convertido en su nueva normalidad. Muchas personas habían vivido en un estado de crisis de baja intensidad durante toda su vida adulta. Una crisis de significado. Una crisis de alegría. Una crisis de emoción y entusiasmo. Una crisis de propósito y expresión, que se aceptaba como parte de la vida.

No es que no trabajemos duro. Lo hacemos. No es que no «rindamos». Lo hacemos. No es que no «hagamos cosas». Las hacemos. Somos poderosos, hermosos y tenemos logros. Lo que sucede es que muchos trabajamos duro en algo que nos importa poco. Creamos cosas que no emanan de nuestra alma. Conseguimos cosas que importan a los demás, pero poco a nosotros. Y, aunque podemos volver la vista atrás y señalar el gran trabajo que hemos hecho, la letanía de logros, seguimos caminando vacíos por la vida. Un poco tristes. Insatisfechos. Viviendo en una bruma de ritmo, logros y agotamiento.

Para millones de personas que se han alejado de su naturaleza esencial, descubrir su *Sparketype* puede convertirse en una incitación. Una llamada a descubrir y, luego, dedicarse al trabajo que los hace revivir, primero como un bálsamo para una existencia ansiosa y aislada, y luego como una recuperación. Resulta que honrar y luego construir en torno a tu *Sparketype* es, en parte, hacer que una vida laboral insatisfactoria sea mucho mejor. Pero se trata de tirar de la cuerda de un nivel de desesperación crónico y de bajo grado, que se ha convertido en una parte tan importante del tejido de nuestra existencia, que ni siquiera nos damos cuenta de que está ahí.

Tanto si te ganas la vida con ello, como si lo haces de forma paralela o como ingrediente de alguna combinación, tu *Sparketype* no es solo una forma de vivir, sino de volver a casa.

HEMOS LLEGADO HASTA AQUÍ, EL COMIENZO DE MUCHOS VIAJES

El mundo del trabajo, para la mayoría de la gente, está de leve a severamente dañado.

Nadie pretendía que fuera así. Sinceramente, nadie se beneficia con ello. Todos hacemos lo mejor que podemos y, la verdad, estamos todos juntos en esto. Habrá momentos en los que nos sintamos más obligados y más libres para centrarnos en nuestra motivación y otros en los que estemos más en modo de supervivencia. Habrá momentos en los que tendremos que hacer lo que sea necesario para cubrir las necesidades básicas. Momentos en los que tenemos menos control del que anhelamos. Momentos en los que nuestras necesidades aspiracionales de propósito, significado, emoción, alegría, expresión y la sensación de fluir pasarán a un segundo plano frente a la necesidad de ganarse el sustento y la seguridad. Tiempos en los que no será fácil que se encienda la chispa en el trabajo que nos pagan por hacer. Sin embargo, tanto si estamos buscando trabajo como si tenemos un empleo de subsistencia, o si estamos bien pagados pero estancados, muchos de nosotros podemos acercarnos más de lo que pensamos a la sensación de estar vivos, de estar encendidos.

Si tienes un empleo, explora cómo podrías integrar tu *Sparketype* en tu trabajo actual. ¿Cómo podrías reimaginar o redefinir los elementos del día a día y, posiblemente, cómo ampliar el campo de acción? ¿Cómo podrías cumplir con tus compromisos, aceptar la circunstancia en la que te encuentres y quizás explorar la posibilidad de combinar tu trabajo con otras actividades que te motiven? Reflexiona sobre los detalles de tu *Sparketype* y piensa en las tareas, herramientas y temas que te dan esa sensación de vitalidad. Busca o crea oportunidades para incorporar más de esos elementos a lo que haces. Incluso en las áreas en las que estas cosas no se ajustan completamente a la descripción de aquello para lo que fuiste contratado, a menudo hay formas de adoptarlas que no se ven hasta que empiezas a buscarlas activamente. Si no estás trabajando actualmente o estás subempleado y te encuentras en un lugar de descubrimiento para tu próxima aventura laboral, este puede ser un momento desconcertante, pero también sagrado y poderoso para hacer este trabajo. Para aprender más sobre lo que te hace vivir. Para pensar en cómo podrías crear o encontrar la próxima oportunidad que te aporte la mayor cantidad posible de «trabajo motivador» en lo que haces. O para crear el espacio necesario para realizarlo de forma paralela. Busca los indicadores, las señales de las experiencias pasadas o los anhelos actuales que se alinean con tu *Sparketype* cuando te planteas qué explorar, a qué decir sí o no. Estos indicadores son importantes, a menudo más de lo que creemos. Si encuentras algunos de los indicadores en la opción que estás evaluando, pero no todos, considera cómo puedes incorporar más de lo que quieres a la experiencia (y si tienes el poder de hacerlo).

No importa a dónde vayas a partir de aquí. Una invitación: no te alejes del camino que has empezado a recorrer cuando has dicho sí a descubrir tu *Sparketype*. Sí a compartirlo con amigos, familiares, colegas y colaboradores, y a pedirles que descubran el suyo. Sí a sumergirte en este libro. Sí a dar pasos, aunque sean de bebé, para llegar a una vida más plena de cualquier manera que te sea accesible. Sí a avivar las llamas y a aportar más significado, emoción, flujo, propósito y posibilidad a tu trabajo y a tu vida.

Ahora mismo, lo necesitas. Y el mundo también. Necesitamos gente que haya vuelto a un lugar de posibilidad y potencial. Necesitamos personas que estén plenamente vivas, con la máxima capacidad y entusiasmo, que aprovechen todo lo que tienen desde un lugar de alegría y entusiasmo para crear la próxima generación de ideas, soluciones, servicios, plataformas, instituciones y experiencias que nos lleven a todos al futuro de una manera más empoderada, activada y viva. Necesitamos organizaciones y líderes, alimentados por el potencial liberado, el propósito, el impulso, la expresión y la energía de una fuerza de trabajo plenamente encendida, para servir como centros de innovación, crecimiento y promoción no solo de la industria, sino de la cultura, la sociedad y el enriquecimiento imparable de cada individuo que contribuye a la búsqueda. No solo porque queramos sentirnos mejor, sino porque la profundidad y la complejidad de los retos a los que nos enfrentamos exigen lo mejor que podemos ofrecer. Cuando nos mostramos motivados, cobramos vida, y el mundo progresa con nosotros.

Es más grande que nosotros. Es hora de reclamar que el trabajo constituya una fuente de significado, energía, propósito, alegría y potencial. Y cada individuo desempeña un papel. Más allá de las revelaciones y las invitaciones para activar tu propia chispa, haz una cosa sencilla. Invita a una persona, tal vez dos, tres sería genial..., vale, invita a todos los que conozcas... a recorrer el camino que los hace sentir plenos. Comienza con un paso sencillo y divertido. Pídeles que descubran su tipo de *Sparketype*. En el camino, haremos crecer una comunidad, un movimiento de seres humanos en todo el mundo con la misión de cobrar vida e irradiar esa energía, ese sentido de propósito y posibilidad a todos los que nos rodean. Para hacerlo bien y hacer el bien. Para cambiar la forma en que trabajamos y vivimos. Y, en el camino, el estado del mundo tal y como lo conocemos.

Hagamos brillar a un ser humano por vez. Uno por uno. ¡Juntos podemos iluminar el mundo!

ANEXO
El espectro de la satisfacción™

A primera vista, el primer paso para que se encienda tu chispa, para estar más vivo, es hacer más cosas que te permitan expresar tu *Sparketype*. En un nivel más profundo, hay un descubrimiento más matizado y poderoso que se suma a tu comprensión. Una vez que lo aprendas, te explicará muchas cosas sobre las experiencias pasadas, y también te ayudará a discernir más fácilmente a qué decir sí o no en el futuro. También puede, sorprendentemente, hacer fluir un manantial que te lleve a perdonarte a ti mismo y te permita liberar la vergüenza injustamente acumulada.

Cada uno de los diez *Sparketypes* tiene una posición en lo que llamamos espectro de satisfacción.

En un lado del espectro están los *Sparketypes* que se expresan plenamente y se satisfacen más fácilmente con un enfoque orientado hacia el interior, al proceso: la creación, la resolución de problemas, el aprendizaje y la síntesis. Los resultados de su trabajo suelen servir y tener un impacto en otros de forma significativa, a veces innovadora. Eso es algo estupendo, tiene sentido, es algo que les gusta conocer y, a menudo, es ese lado de los resultados el que está conectado directamente con el avance profesional. Al mismo tiempo, aunque nunca lo digan en voz alta en buena compañía, esa no es la razón principal por la que lo hacen. Es el proceso en sí mismo lo que hace que su chispa se encienda.

El otro lado del espectro está más orientado hacia el exterior y relacionado con el servicio a los demás, el impacto y los resultados. Para los *Sparketypes* que se ubican en ese extremo del espectro, el hecho de haber desarrollado competencias en algún proceso o dominar un oficio en el recorrido es mucho menos significativo que el simple hecho de saber que han sido útiles. Para eso viven. Para enriquecer a los demás.

Cada *Sparketype* representa un determinado rango en el espectro de la satisfacción, algunos se satisfacen más fácilmente con el proceso puro, otros con el servicio puro y otros se encuentran en el medio.

Espectro de satisfacción de los diez *Sparketypes*

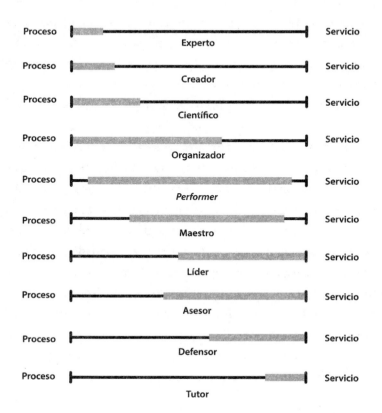

¿POR QUÉ ES IMPORTANTE?

¿Hay casos atípicos? Por supuesto, siempre los hay. Aun así, saber si te expresas y te satisfaces más con el proceso o con el servicio, o con una mezcla de ambos, te ayuda a entender mejor cómo cobrar vida. Si resulta que un *Sparketype* se inclina más hacia el lado del proceso, también puede liberarse de un poco del bagaje transmitido de generación en generación.

Hay una vieja frase que sostiene que el único camino para una vida significativa, llena de propósitos y plenamente expresada es el servicio. Para algunos, especialmente para los que la manifestación de su *Sparketype* se sitúa en el lado del servicio del espectro de satisfacción, esto es en gran medida cierto. Sin una combinación que incluya el servicio, literalmente, no pueden hacer lo que están destinados a hacer. Sin embargo, para los *Sparketypes* orientados al proceso, la comprensión de que lo que hacen es un servicio para los demás, que les afecta o impacta, es «agradable», tal vez los hace sentir bastante bien, pero no es la razón principal por la que hacen lo que hacen. Para ellos, el papel central del servicio es servir de retroalimentación, de validación del nivel de excelencia y experiencia en el proceso que los alimenta y nutre, y que además resulta que sirve a los demás. La simple oportunidad de sumergirse en el proceso, con todos los recursos y sin obstáculos, es lo que les ofrece la mayor recompensa y la mayor oportunidad de expresión. No se trata de ser egoísta o de estar impulsado por el ego; es simplemente que obtienen casi todo lo que necesitan para que su chispa se encienda a través de un proceso más interno, incluso cuando su resultado conmueve, sirve y enriquece a otros. Y eso está bien.

Esto no niega el valor y los beneficios reales de que todo el mundo, en algún nivel, haga cosas que beneficien a los demás.

El efecto positivo neto en la sociedad es real y significativo. Todos queremos vivir en un mundo que exalte el cuidado de los demás. Como ética general, todos nos beneficiamos de dar y recibir amabilidad. En un nivel más psicológico, cuando uno se centra en los demás, ayuda a romper el ciclo de neurosis y la ansiedad que a menudo te consume cuando solo piensas en ti mismo. Es difícil mantener el giro de la autoconversión, a menudo autoflagelante, cuando se fuerza el enfoque hacia los demás. Además, a menudo, aquellos a los que ayudarías están, en algún nivel, más necesitados que tú. Enfrentarse a esta realidad de una manera muy humana, cara a cara, puede devolverte a un estado de gratitud. Aquellos que se brindan a los demás no solo los ayudan a superarse, sino que también ellos mismos se benefician de un estado de ánimo positivo que a menudo dura días más allá del acto de dar. De nuevo, el efecto neto es que tú te sientes pleno y los demás también experimentan la plenitud. Todos deberíamos ayudar a los demás, aunque solo sea por el hecho de que así se urde la trama de un mundo más amable y conectado, uno en el que todos queremos vivir. Pero es importante distinguir estos motivadores sociales más amplios para del servicio obligado y que, al menos para aquellos cuyos *Sparketype* se sitúan en el lado del proceso del espectro, induce a la vergüenza, ya que dice que el único trabajo «válido» y la única forma de vivir es el servicio.

En lugar de avergonzar a nadie por su capacidad de sentirse pleno a través de otros medios que no sean el servicio directo, tal vez sea el momento de reconocer que todos tenemos un significado, un propósito y experimentamos la pasión y la alegría por diferentes cosas y de diferentes maneras, y eso está bien.

TU ANTICHISPA

Cada uno de los diez *Sparketypes* habla de un tipo de trabajo específico. Cuando ese trabajo corresponde con tu *Sparketype* primario o con el colaborador, desempeña un papel muy importante en tu vida. Como regla general, cuanto más lo hagas, mejor. Construye tu trabajo y tu vida en torno a él y te sentirás pleno.

Pero esta es la cuestión. Cualquiera de esos mismos *Sparketypes* puede desempeñar también el papel de tu antichispa. En ese sentido, es el trabajo que te vacía. El trabajo que más detestas, el que sientes como si siempre fuera un trabajo duro, incluso cuando seas bueno haciéndolo, es el trabajo que requiere más motivación para hacerlo y que te deja más agotado.

Por ejemplo, cuando tu *Sparketype* primario es el de organizador, crear orden a partir del caos, sintetizar, simplificar, crear sistemas y procesos puede ser un trabajo duro, pero también te nutre, te da energía y te llena. Enciende tu chispa. Si esa misma actividad es tu antichispa, entonces, sientes que hacer ese trabajo, aunque sea objetivamente más fácil, lo sientes mucho más difícil, y te deja mucho más agotado. Probablemente hayas intuido qué tipo de trabajo corresponde a tu antichispa, de la misma manera que has tenido un conocimiento intuitivo sobre el tipo de trabajo que te da vida. Incluso si no es así, la gran noticia es que no tienes que adivinar. La primera versión del *Sparketype Test* fue desarrollada para revelar tu *Sparketype* primario y el colaborador. Unos años después de nuestra investigación, nos dimos cuenta de que también habíamos hecho el 90 % del trabajo para poder discernir y compartir tu antichispa. Volvimos al laboratorio y desarrollamos un nuevo y más robusto algoritmo que discierne y te da a conocer no solo tus *Sparketypes* primario y colaborador, sino también tu antichispa.

Si fuiste uno de los primeros en realizar la evaluación, no dudes en completar la versión actual, para que tengas la ventaja añadida de conocer no solo tu *Sparketype* primario y el colaborador, sino también tu antichispa. Este conocimiento adicional revela por qué ciertos trabajos te causan tanto malestar, te exigen tanto, y te ayuda a mostrar el trabajo que puedes dejar en manos de otros cuyos *Sparketypes* están más alineados, siempre y cuando sea posible. También es un dato muy poderoso para los líderes que están trabajando para entender cómo alinear mejor a las personas con el trabajo que los hace sentir plenos y evitar el trabajo que los vacía.

- Cuando tu antichispa es el experto, el proceso de adquisición de conocimientos, de aprendizaje profundo o la búsqueda de una fascinación sin ninguna razón más allá de la alegría de la búsqueda del conocimiento, te deja en gran medida desinteresado, desvinculado y vacío. Si tienes que aprender, lo harás, pero casi siempre para ti se tratará de tener que aprender algo porque te permite hacer otra cosa, en lugar del puro amor por adquirir conocimiento por el conocimiento mismo.

- Cuando tu antichispa es el creador, el proceso de tomar ideas y convertirlas en algo real, ya sea digital, físico o experiencial, te deja sin fuerzas. Cuando te enfrentas a la necesidad de sumergirte en un proceso de creación o fabricación, aunque entiendas su valor, te parece una tarea muy pesada e incluso aterradora. Todo lo que quieres hacer es encontrar la manera de que otra persona tome la iniciativa o apresurarte a hacerlo lo más rápido posible para poder terminar con ello.

- Cuando el científico es tu antichispa, la invitación a invertir todo tu tiempo y energía lidiando con preguntas cruciales, descifrando problemas complejos o resolviendo enigmas acaba con tu cabeza dando vueltas y tu espíritu cayendo en picado. Lo harás, y tal vez incluso desarrolles las habilidades necesarias para sobresalir, pero nunca es lo que te resulta más natural y es la búsqueda que más te agota y te deja más vacío.

- Cuando el organizador es tu antichispa, la sola idea de tener que gastar tiempo y energía creando orden, sistemas, procesos, listas de control, simplicidad, o cualquier tipo de orden a partir del caos te hace querer salir corriendo. Eso no significa que no te guste que existan esos sistemas, la simplicidad y la claridad, a menudo lo haces y te beneficias mucho de ellos. Solo que no quieres tener nada que ver con su desarrollo y posterior mantenimiento.

- Cuando el *performer* es tu antichispa, la idea de estar al frente y en el centro, de tener que subir al escenario, ya sea en una reunión de negocios, en una presentación, en una representación teatral, en un discurso, en una reunión de ventas o en cualquier otro compromiso, interacción o momento que requiera un cierto nivel de animación, energía, dinamización o entretenimiento es un pensamiento increíblemente desagradable. Puede que te entrenes para convertirte en un experto en ello, pero, aunque disfrutes viendo los progresos y te sientas más cómodo, es probable que siga siendo lo que menos te apetezca hacer y la experiencia que más te saque de quicio y que requiera más espacio de recuperación.

- Cuando el maestro es tu antichispa, el trabajo de esclarecimiento, el descubrimiento de cómo compartir lo que sabes y encender las luces de la comprensión, el conocimiento, el descubrimiento y el despertar requiere mucho de ti. Comprendes los beneficios y a menudo te encanta estar al otro lado de la ecuación e incluso puedes desarrollar cierta destreza en este proceso, que ayuda a que no lo sientas tan pesado y añade la sensación de competencia. Sin embargo, al final del día, el trabajo probablemente nunca se acercará a darte la sensación, la energía y el potencial de liberación que viene de hacer el trabajo de tu *Sparketype* primario y el colaborador.

- Cuando el líder es tu antichispa, el trabajo de reunir a la gente, ya sea a unos pocos en un entorno local, amigos, familia, o grupos más grandes, equipos, cohortes, comunidades, divisiones, organizaciones y luego dirigirlos en alguna aventura, búsqueda, viaje o esfuerzo, te quita la vida. Puede que te guste que te inviten y que participes una vez que otra persona ha reunido a la gente, ha establecido el rumbo y la está guiando, pero la idea de que tú seas esa persona no te parece divertida. Puedes llegar a ser muy hábil en este trabajo, y puedes preocuparte profundamente por la gente y el resultado y ser llamado a asumir este papel, pero el trabajo en sí mismo y el proceso de reunir y dirigir siempre te molestará y te quitará más de lo que te da.

- Cuando el asesor es tu antichispa, el trabajo de guiar, orientar, entrenar o trabajar de forma íntima y práctica para guiar a personas o grupos a través de un proceso de crecimiento y hacia un resultado es algo que te parece siempre muy costoso. Como todos los demás *Sparketypes*, es posible que adquieras la habilidad de ser bueno en ello con el tiempo y eso puede hacer que parezca que es más fácil, pero probablemente siempre lo sentirás como una carga muy pesada, y te dejará más vacío que el trabajo de tu *Sparketype* principal.

- Cuando el defensor es tu antichispa, asumir el papel de defender, abogar y dar luz a una idea poco representada, ideal individual o de la comunidad no solo te deja sin fuerzas, sino que a menudo te vacía por completo. No es solamente porque la tarea de defender algo o a alguien sea dura, sino que también este tipo de labor suele entrar en conflicto con tu modo de ser y, aunque hagas el trabajo para aprender el oficio y llegar a ser un defensor consumado, probablemente siempre te quitará mucho y nunca se acercará a la experiencia vivificante de hacer el trabajo de tus *Sparketypes* principales, incluso cuando estos puedan ser muy duros también.

- Cuando el tutor es tu antichispa, puedes llegar a ser competente o incluso muy bueno en el trabajo de cuidar, enriquecer y educar a los demás. Es posible que ellos sientan el impacto de tus esfuerzos y que disfrutes de ello y te preocupes mucho por aquellos de los que te ocupas. Pero tú, aunque aprecias los beneficios y el efecto en los demás, a menudo sientes que el trabajo te quita todo y te deja con la sensación de que necesitas recuperarte constantemente.

Al leer este libro, busca tu *Sparketype* primario y el colaborador, y lee esos capítulos. Luego, busca tu antichispa y recuerda que, cuando asumes el papel de tu antichispa, no es el trabajo que te llena, sino el que te vacía. Las tensiones asociadas a esta tarea probablemente se amplifiquen mucho más cuando busques hacer este trabajo. Convertirse en un experto puede ayudar, porque es posible que la sensación de competencia compense el agotamiento. Pero rara vez se acerca a la sensación que te produce el trabajo de tus *Sparketypes* principales y, a menudo, te deja en el estado exactamente opuesto.

Aun así, habrá momentos en los que todos tendremos que hacer este trabajo, en algún nivel. Como empresario, durante toda mi vida adulta, he tenido que hacer el trabajo de los diez *Sparketypes* en varias ocasiones, porque la creación de una empresa lo exigía y no tenía recursos para que lo hiciera otra persona. Si te encuentras en una circunstancia en la que no puedes eliminar rápida o fácilmente el trabajo de tu antichispa, no está todo perdido. Busca formas de minimizar ese trabajo, delega o, si es posible, subcontrata todo lo que puedas. Encuentra a otras personas cuyo trabajo principal o colaborador coincida con tu antichispa y mira si hay alguna forma de «intercambiar» para que ambos os sintáis motivados. Explora otras formas de hacer el trabajo que te da vida, incluso de forma paralela o como pasatiempo o actividades divertidas, fuera del horario del trabajo por el que te pagan. Esto tiene el efecto de llenarte de actividades que te hacen vibrar y también ayuda a contrarrestar el efecto de vacío que te deja tu antichispa.

A fin de cuentas, cuanto más informado estés, más capaz serás de tomar decisiones que te hacen sentir vivo.

PREVALENCIA

¿Te has preguntado alguna vez cuántas personas comparten tu *Sparketype* primario o tu chispa colaboradora, o la misma combinación? Resulta que no eres el único. Es una de las preguntas más frecuentes. ¿Qué proporción de la población es como yo? ¿Qué tan raro o inusual soy? Aunque no podemos decirte cómo compararte con la totalidad de la raza humana, podemos compartir algunos datos bastante convincentes del universo en rápido crecimiento de las evaluaciones de *Sparketype* de todo el mundo. En el momento de escribir este artículo, esto representa una muestra de unas quinientas mil personas. Esto es lo que hemos aprendido.

SPARKETYPE PRIMARIO	PREVALENCIA
Asesor	10 %
Defensor	8 %
Organizador	7 %
Creador	17 %
Experto	26 %
Tutor	13 %
Performer	3 %
Maestro	6 %
Científico	7 %
Líder	2 %

SPARKETYPE COLABORADOR	PREVALENCIA
Asesor	11 %
Defensor	6 %
Organizador	9 %
Creador	12 %
Experto	26 %
Tutor	11 %
Performer	4 %
Maestro	9 %
Científico	10 %
Líder	2 %

PAREJAS PRIMARIO Y COLABORADOR	PREVALENCIA
Asesor / defensor	0,6 %
Asesor / organizador	0,6 %
Asesor / creador	0,5 %
Asesor / experto	2,3 %
Asesor / tutor	2,6 %
Asesor / performer	0,3 %
Asesor / maestro	2,2 %
Asesor / científico	0,4 %
Asesor / líder	0,4 %
Defensor / asesor	1,0 %
Defensor / organizador	0,5 %
Defensor / creador	0,6 %
Defensor / experto	2,2 %
Defensor / tutor	2,2 %
Defensor / performer	0,3 %
Defensor / maestro	0,5 %
Defensor / científico	0,6 %
Defensor / líder	0,3 %
Organizador / asesor	0,5 %
Organizador / defensor	0,3 %
Organizador / creador	1,0 %
Organizador / experto	2,3 %
Organizador / tutor	0,7 %
Organizador / performer	0,1 %
Organizador / maestro	0,5 %

Organizador / científico	1,2 %
Organizador / líder	0,2 %
Creador / asesor	0,8 %
Creador / defensor	0,6 %
Creador / organizador	1,8 %
Creador / experto	8,2 %
Creador / tutor	1,5 %
Creador / *performer*	1,3 %
Creador / maestro	0,7 %
Creador / científico	1,9 %
Creador / líder	0,3 %
Experto / asesor	2,3 %
Experto / defensor	1,5 %
Experto / organizador	3,2 %
Experto / creador	5,9 %
Experto / tutor	2,8 %
Experto / performer	0,9 %
Experto / maestro	3,5 %
Experto / científico	5,3 %
Experto / líder	0,3 %
Tutor / asesor	3,3 %
Tutor / defensor ˙	2,2 %
Tutor / organizador	1,1 %
Tutor / creador	1,3 %
Tutor / experto	3,6 %
Tutor / *performer*	0,4 %
Tutor / maestro	0,9 %

Tutor / científico	0,4 %
Tutor / líder	0,1 %
Performer / asesor	0,3 %
Performer / aefensor	0,2 %
Performer / organizador	0,2 %
Actor / creador	1,1 %
Performer / experto	1,0 %
Performer / tutor	0,4 %
Performer / maestro	0,2 %
Performer / científico	0,1 %
Performer / líder	0,1 %
Maestro / asesor	1,7 %
Maestro / defensor	0,2 %
Maestro / organizador	0,5 %
Maestro / creador	0,4 %
Maestro / experto	2,1 %
Maestro / tutor	0,5 %
Maestro / *performer*	0,2 %
Maestro / científico	0,3 %
Maestro / líder	0,2 %
Científico / asesor	0,3 %
Científico / defensor	0,3 %
Científico / organizador	1,3 %
Científico / creador	0,9 %
Científico / experto	3,7 %
Científico / tutor	0,2 %
Científico / *performer*	0,1 %

Científico / maestro	0,3 %
Científico / líder	0,2 %
Líder / asesor	0,5 %
Líder / defensor	0,2 %
Líder / organizador	0,2 %
Líder / creador	0,1 %
Líder / experto	0,3 %
Líder / tutor	0,1 %
Líder / *performer*	0,1 %
Líder / maestro	0,3 %
Líder / científico	0,2 %

Es interesante saber lo común o lo raro que es tu *Sparketype* primario, el colaborador y la combinación de ambos, y es fascinante a nivel individual. Cuando trabajamos con organizaciones, este conocimiento adquiere una relevancia nueva. Podemos mapear los ratios de prevalencia en equipos, divisiones y organizaciones enteras, lo que puede ser increíblemente revelador. Ayuda a explicar ciertos resultados y dinámicas, y también, no pocas veces, identifica áreas potenciales de desequilibrio o lagunas en el impulso y las habilidades innatas. Esto puede ser muy útil para comprender mejor cómo liderar, inspirar, motivar y elevar la experiencia de trabajo y la calidad de los resultados.

SOBRE EL AUTOR

JONATHAN FIELDS es padre, marido, autor premiado, productor ejecutivo y presentador de uno de los pódcast más importantes del mundo, Good Life Project®, que ha aparecido en diversas publicaciones, desde el *Wall Street Journal* hasta la revista *Oprah*, e incluso en el emblemático evento anual de productos de Apple.

También es el fundador de varias empresas de bienestar. En la actualidad es fundador y director general de Spark Endeavors y principal artífice de Sparketypes®. Se trata de un sistema de arquetipos y un conjunto de herramientas al que recurre una comunidad de personas y organizaciones, que crece rápidamente, para identificar, adoptar y cultivar el trabajo que hace que las personas cobren vida y equipa a las organizaciones y a los líderes con herramientas para desbloquear de forma más eficaz el propósito, el potencial y la alegría.

Jonathan da charlas y facilita el trabajo de grupos y organizaciones de diversa envergadura. Su trabajo se ha sido destacado ampliamente por los principales medios de comunicación, como el *New York Times*, *FastCompany*, el *Wall Street Journal*, *Inc.*, *Entrepreneur*, *Forbes*, *Oprah Magazine*, *Elle*, *Allure*, *The Guardian* y muchos otros.

Ecosistema digital

Floqq
Complementa tu lectura con un curso o webinar y sigue aprendiendo. **Floqq.com**

Amabook
Accede a la compra de todas nuestras novedades en diferentes formatos: papel, digital, audiolibro y/o suscripción. **www.amabook.com**

Redes sociales
Sigue toda nuestra actividad. Facebook, Twitter, YouTube, Instagram.

EDICIONES URANO